1

© 2020 Chaim Schmidt
Herstellung und Verlag: BoD – Books on Demand,
Norderstedt
ISBN: 978-3-7528-9433-2

Inhaltsangabe

Prolog

Auf wunderbare Weise hat mir der Herr anvertraut, ein Vorwort zu dem Buch „Wunderbares Leben mit dem Heiligen Geist" zu schreiben, welches mein geliebter Bruder Chaim Schmidt geboren hat. Eine einfache Auslegung, aber dennoch ein tiefer und lebendiger Sinn nicht nur in Bezug auf das Wissen, sondern auch auf die Worte, welche gekleidet sind in Handlungen und das Leben im Fleisch und dies alles durch den Glauben an die Vollendung der Werke des Herrn auf Erden und die handelnde Liebe!

Hierdurch kann es über die Grenzen der Logik und der gewohnten Existenz hinausgehen und einen Weg in den Himmel zeichnen. Wahrscheinlich gibt es keine exakte Formel für das Leben mit dem Heiligen Geist, welche von jedem Menschen angewandt werden kann und es wird die wohl auch nie geben, denn es ist ein persönlicher Weg, den uns der Heilige Geist selbst führt.

Doch dieses Buch ist eine der schönsten und lebendigsten Schriftrollen, mit denen ich in Berührung kommen durfte. Dabei konnte ich durch seinen ungeheuchelten Wandel und sein Leben, das alltägliche Leben, die Breite, die Tiefe und die Höhe der Berührung mit dem lebendigen Gott hier auf Erden genießen!

Ich glaube, dass das Eintauchen des Lesers in die neue und einfache Lebensweise mit dem Heiligen Geist dabei helfen wird jene inneren Eigenschaften zu aktivieren, welche der

Schöpfer hineingelegt hat und die bis zu diesem Zeitpunkt in jedem von uns geschlummert haben. Es ist die Zeit gekommen, aus dem Schlaf aufzuwachen und in das hineinzugehen, was der Herr für uns vorbereitet hat –

auf Erden wie auch im Himmel mit dem Heiligen Geist!

Dieses erste jedoch nicht letzte Werk ist wie die erste Stufe der Himmelsleiter Jakobs, die fähig ist euch, liebe Leser, an himmlische Orte und neue Dimensionen sowohl des Königreiches Gottes als auch Gottes selbst zu führen, welche sich euch durch die Offenbarungen und des in diesem Buch lebenden Geistes, der sich außerhalb der Zeit befindet, öffnen werden.

Bereitet euch vor für die lebendigen Abenteuer, die bis ins ewige Leben hineinreichen, welches der Herr für seine geliebten Kinder vorbereitet hat!

Chaim, ich danke dir, dass ich Teil deines Lebens sein und die Freude der „Schöpfung" in deinem Leben und dem Leben deiner Familie teilen darf! Nicht nur ich freue mich darüber, was durch dich bewirkt und an Leben aus dir hinaus fließt, sondern der Herr selbst freut sich maß- und grenzenlos über die Liebe, Treue, den Gehorsam, Freimut, Mut, die Tapferkeit, Aufrichtigkeit und Schlichtheit, welche in dir wohnen sowohl Ihm gegenüber als auch in Bezug auf die gesamte Schöpfung!

Möge der lebendige Christus durch dich im Heiligen Geist auf jedem deiner Schritte, an jeden Ort, an dem du bist, in jeder Situation, mit der du konfrontiert wirst, verherrlicht werden.

Ich bete darum, dass dieser Vers zu seiner Zeit zu einem lebendigen Übergang in die neue Welt für dich wird und dir dein Leben lang die Richtung weist: **2. Timotheus 4, 7: „Ich habe den guten Kampf gekämpft, den Lauf vollendet, den Glauben bewahrt."**

Möge hier auf Erden der dir von Gott anvertraute Dienst vollendet und der Glaube durch das Feuer der Reinigung bewahrt werden, welche ja auch die Verkündigung der Weisheit Gottes den Gewalten und Fürstentümern in den himmlischen Regionen ist!

Ungeduldig warten wir auf die Geburt neuer Schriftrollen und Bücher, die aus dem Himmlischen Königreich kommen und wie Wegweiser und Karten der Himmel der Himmel und anderer Dimensionen sind, welche Gott für seine Geschöpfe, Himmelsbewohner und andere Wesen, die auf diesem Planeten Erde schwer zu verstehen und zu erfassen sind, vorbereitet hat!

Bis zum Wiedersehen im nächsten Werk und möge der Geist der Ewigkeit uns mit einem roten Faden in die nächste Dimension und Wirkung des Heiligen Geistes auf Erden führen!

In Liebe, Debora – Mutter Israels und dein Freund, deine Schwester, dein Mitarbeiter auf dem Feld Gottes und viele andere Eigenschaften und Fassetten, die der Herr uns offenbaren und vorstellen wird durch sein Leben auf Erden und in der Ewigkeit.

Debora Vayner

Einführung

Gleich am Anfang dieses Buches möchte ich dem Heiligen Geist danken, dass Er nicht die Person ansieht und durch die Gnade des Vaters solche einfachen Menschen wie mich gebraucht. Das Ziel dieses Buches ist mit dem Leser zu teilen, wie herrlich es ist, mit dem Heiligen Geist zu leben, gerade wenn du nichts weißt und einfach naiv Ihm vertraust.

In den 20 Jahren meines Lebens als Christ habe ich vieles gelernt – was man tun darf und was man lieber lässt, um ein Freund des Heiligen Geistes zu bleiben. Vor acht Jahren bekam ich ein prophetisches Wort: „Mein Sohn, Ich habe dir einen Rucksack mit Sauerstoffmasken gegeben. Sie sind nicht für dich sondern für meine Kinder, die langsam ersticken und in ihrem Leben keinen Sinn mehr sehen. Ich bitte dich, verteile sie."

Deshalb habe ich, geführt vom Heiligen Geist, beschlossen, meine Erfahrungen mitzuteilen und dir, lieber Leser, eine göttliche Sauerstoffmaske zu geben. Wenn du in deinem Leben noch nichts Übernatürliches erlebt hast und einfach nur gehört hast, dass es zwar irgendwo auf der anderen Seite des Ozeans oder in Afrika Wunder und Zeichen gibt, jedoch bei uns in Europa alles trocken ist, so ist das eine Lüge. Unser Gott ist übernatürlich. Finde Ihn. Und ich bitte Dich, Herr, lass dieses Buch tatsächlich eine Sauerstoffmaske sein, sodass jeder, der es liest, den Sauerstoff des Heiligen Geistes einatmet.

Oh Herr, lass Deine Kinder sich wahrhaftig in Dein Ebenbild verwandeln und mehr werden als Sieger, so wie Dein Wort es lehrt.

Ich bin meiner Familie sehr dankbar, insbesondere meiner Frau, dass sie ausreichend Weisheit besaß, keinen Druck auf mich auszuüben, sondern den Willen des Herrn in mein Leben zu erbeten. Ebenso danke ich der Gemeinde Beelen für die dargebotene Plattform für das Übernatürliche und für die Unterstützung in schwierigen Situationen. Außerdem danke ich für die Gebete und Offenbarungen bezüglich dieses Buches.

Ich habe in meinem bisherigen Leben noch nie ein Buch geschrieben, doch viele in der Gemeinde haben diesen stillen Gedanken: „Bringe deine Zeugnisse aufs Papier," der bereits seit einigen Jahren in meinem Kopf existiert, unterstützt. Und heute, am 11.12.2018 habe ich angefangen, dieses Buch zu schreiben. Und obwohl dieses Buch einen christlichen Charakter tragen wird, wird es sich dadurch von allen anderen christlichen Büchern unterscheiden, dass ich meine Zeugnisse nicht mit Textstellen aus der Heiligen Schrift untermauern werde, so wie es viele von euch schon gewohnt sind. Für mich ist Jesus Christus ein Beispiel. Als Er in der Synagoge die Schriftrolle nahm, sagte er nicht: „In Jesaja 61,1 steht geschrieben ..." Er hat einfach gelesen: „Der Geist des Herrn ist auf mir, weil er mich gesalbt hat ..." Ich möchte dem Religionsgeist nichts beweisen. Ich wünsche es sehr, gehorsam zu sein und den Willen des Vaters zu erfüllen. In diesem Buch werde ich die ganze Zeit meine Zeugnisse mitteilen, die ich erlebte seitdem ich dem Heiligen Geist gesagt hatte: „Ja, der Wille meines himmlischen Vaters soll sich in Bezug auf mein Leben erfüllen."

Ich möchte, dass dieses Buch ein Produkt des Heiligen Geistes wird und nicht eine weitere belehrende Literatur eines weiteren Predigers. Deshalb werden die Textstellen aus der Heiligen Schrift so zitiert werden, wie ich sie von Ihm empfangen werde. Aus der Fülle meines Herzens wird mein Mund sprechen.

Die Wichtigkeit zu beten, selbst wenn du kein Ergebnis siehst

Ich wurde in einer gewöhnlichen russischen lutheranischen Familie geboren, in einem einfachen sibirischen Dorf. Bis zur 11. Klasse hatte ich kein einziges Mal wirklich darüber nachgedacht, ob es Gott gibt. Meine Eltern ließen mich als Neugeborenen taufen, genauso wie alle meine Verwandten. Ich hatte eine Patentante, die mir zu meinen Geburtstagen Geschenke brachte und sagte: „Dies ist für dich von deiner Patentante." Ebenso feierten meine Eltern Ende Dezember Weihnachten. Mein Vater verkleidete sich als Pelznickel (ähnlich wie Väterchen Frost) und ich hatte große Angst vor ihm, weil er mich immer bestrafte, wenn ich das Jahr über nicht gehorsam gewesen war. Ich musste immer Gedichte aufsagen, um Geschenke zu bekommen. Doch von Gott hat mir niemand etwas erzählt. Es existierte die christliche Tradition, doch eine Information über Gott war nicht vorhanden.

Aber Gott hatte schon damals einen Plan für mein Leben. Meine Eltern arbeiteten sehr viel, weshalb sie mich zur Beaufsichtigung zu einer mennonitischen Frau brachten. Erst später zeigte mir der Heilige Geist, dass sie damals ihre Hände auf mich legte und mich segnete. Als ich meine Eltern fragte, ob sie mich bis zu meinem 3. Lebensjahr zum Babysitting zu jemandem brachten, bestätigten sie dies.

Mennoniten sind wiedergeborene Christen und obwohl sie in der Sklaverei der Religion leben, sind sie Gottes Kinder. Wenn sie segnen, hört Gott sie. Und so war es auch bei mir. Ich kenne ihren Namen nicht und vielleicht wird sie niemals erfahren, was das damalige Segensgebet bewirkt hat. Ungeachtet dessen möchte ich dich, lieber Leser, ermutigen und sagen, dass das Gebet einer Frau, deren Namen ich nicht kenne, mein Leben bereits ganz am Anfang in die richtige Richtung ausgerichtet hat. Und ich stellte mich auf die Bahnschienen namens **Wille des Himmlischen Vaters.**

Wir alle wurden für etwas Großes in diese Welt geboren. Gott hat nicht Kinder der 1. und 2. Klasse. Er liebt uns sehr, Er hat einen Plan und eine Berufung für dein Leben. Satan möchte allerdings, dass wir entgleisen und uns in seine Richtung bewegen.

Ich lebte in einem Land, in dem über Gott nicht geredet und gelehrt wurde, dass wir von den Affen abstammen. Doch jenes Gebet wirkte bereits in mir und ich glaubte, dass ich nicht von den Affen abstamme.

Als ich in der 11. Klasse war, gab es bei uns an der Schule einen Vorfall, der mich bremste und nicht zuließ, dass ich von Gottes Schienen abkam. Die Jungs in der Klasse mochten es sehr, die jungen Lehrerinnen immer wieder aufzuziehen. An einem solchen Tag legte ein Junge aus der Klasse einen Regenwurm ins Klassenbuch. Als die Lehrerin das Klassenbuch öffnete, stieß sie auf den Regenwurm. Vor Schreck sprang sie auf den Stuhl und fing an zu kreischen. Damit brachte sie uns alle zum Lachen. Es war ihr unangenehm, dass die Kinder über sie lachten und sie errötete. Schnell hatte sie sich wieder gefasst, stiegt vom Stuhl und versuchte mit ihrem Blick herauszufinden, wer es gewesen sein könnte. Weil wir alle lachten, gelang es ihr nicht. Da begegnete ihr Blick dem ernsten Blick eines Baptisten. Es ist ihnen nicht gestattet, andere auszulachen. Sie verstand sofort, wer er war und dass er nicht lügen durfte. Sie ging zu ihm hin und fing an, ihn zu befragen. Die Lehrerin fragte ihn, ob er gesehen hatte, wer das getan hatte, woraufhin er natürlich mit „ja" antwortete.

Früher hatte ich den Baptisten keine Beachtung geschenkt. Sie wurden alle mit dem Wort „Gottesanbeter" beschimpft. Nach dem Unterricht forderte der Junge, der den Wurm ins Klassenbuch gelegt hatte, den Baptisten zum Duell heraus. Ich sah zum ersten Mal ein merkwürdiges Bild, welches meine Realität sprengte. Der Baptist hat weder gekämpft noch sich verteidigt. Er hat jedes Mal aufs neue die andere Wange hingehalten. Er blutete, erhob jedoch kein einziges Mal seine Hand gegen seinen Gegner. Nach einer Minute war die Schlägerei bereits langweilig und wurde beendet. Doch dieses Verhalten ging mir nicht aus dem Kopf.

Ich bin es gewohnt, dass ein Mann seine Ehre verteidigen muss. Stehe bis zur Taille im Blut, aber kämpfe! Und hier etwas völlig anderes. Ich hatte sogleich meine Schlüsse gezogen: Er ist ein Waschlappen, kann noch nicht mal zurückhauen. Jetzt verstehe ich, dass das die gelebte Bibel war. Stephanus gegen Saulus. Doch damals konnte ich nicht nachvollziehen, wie man sich selbst so geringachten und in den Dreck ziehen lassen kann und das auch noch vor seinen Klassenkameraden.

Als mir dann eine Leitungsposition bei den Atheisten angeboten wurde um anzufangen, gegen die Gottesanbeter zu kämpfen und ihnen zu beweisen, dass sie sich irren, lehnte ich höflich ab indem ich sagte: „Ihr könnt mir einen echten Gegner geben, mit dem man diskutieren und ihm seinen Irrtum beweisen kann, denn diese sind keine Gegner. Es sind Waschlappen. Sie werden bald von selbst aussterben, wie die Mammuts, da sie nicht für sich einstehen und sich verteidigen können."

Damals wusste ich noch nicht, dass sie den mächtigsten Schutz haben, da sie vom allmächtigen Herrn persönlich beschützt werden.

Derselbe Herr stoppte mich, damit ich in meinem Leben nicht einen großen Fehler mache und nicht anfange so wie Saul die Christen zu verfolgen.

Dies wurde für mich eine große Lehre: Ziehe nicht voreilige Schlüsse, selbst wenn du und alle um dich herum davon überzeugt sind, dass die recht haben und nur eine Hand voll Leute spinnt. In den meisten Fällen steht hinter der Minderheit Gott. Das ist die Handschrift meines Vaters. In den Kleinen und Schwachen ist Er mächtig.

Umzug in ein christliches Land

Im Jahr 1994 wanderten wir mit der ganzen Familie nach Deutschland aus. Als wir vorher die Anträge für die Auswanderung ausfüllten, musste ich meine Religionszugehörigkeit angeben. Da meine Eltern deutsch sprechen und verstehen konnten, verstanden sie besser, wonach wir gefragt wurden. Das einzige Problem bestand bei uns darin, dass sie deutsch weder schreiben noch lesen konnten. Ich hingegen konnte zwar nichts verstehen, dafür aber lesen und schreiben, weil ich es in der Schule gelernt hatte. Deshalb füllten wir mit der ganzen Familie die Anträge aus.

Als wir zu der Angabe der Religionszugehörigkeit kamen, sagten mir meine Eltern: „Schreib EV. Wir sind evangelisch." Und hier stieß ich zum ersten Mal auf eine Denomination. Bis dahin dachte ich, es gäbe nur gläubige Gottesanbeter, die für ihren Gott eins aufs Maul bekamen und Ungläubige. Dass es aber auch Untergrundgläubige gibt, die nur dann an die Oberfläche gekrochen kommen, wenn es ihnen einen Vorteil bringt, wusste ich nicht. Und so erfuhr ich, dass wir, wie sich herausstellte, auch Gläubige waren und in ein Land auswandern, in dem alle Gläubig sind.

Wenn ich mich jetzt daran erinnere, dann muss ich darüber lachen, wie naiv wir damals daran geglaubt haben, dass hier in Deutschland alle Christen sind.

Im Jahr 1996 heiratete ich ein wundervolles Mädchen, die auch Lutheranerin war. Für meine Eltern war es damals sehr wichtig, dass ich mir ein Mädchen unseres Glaubens zur Frau nehme.

Denn in der Bibel steht geschrieben: Lieber eine schiefe und krumme, aber des eigenen Glaubens als eine gute und schöne, jedoch eines anderen Glaubens. Das sagten mir so meine Eltern und ich glaubte ihnen, da ich selbst diese Bibel nicht las und es somit nicht überprüfen konnte.

Später, als ich selbst anfing die Bibel zu lesen, verstand ich, dass sie eine Stelle aus der Heiligen Schrift nahmen, wo Gott das Volk Israel davor warnte, sich heidnische Frauen zu nehmen, wenn sie in das verheißene Land eingehen. Doch meine Vorfahren haben das für sich in Anspruch genommen und heirateten daher nur deutsche Lutheraner.

Ich habe so ein Glück, dass mein Gott, mein gnädiger Gott es mir gestattet hat, eine Schönheit zu heiraten.

Als wir dann heiraten wollten, fanden wir eine lutheranische Kirche mit einem Pastor, der meiner Frau die Möglichkeit gab, in einem evangelischen Kindergarten ein Praktikum zu machen. Als Zeichen unserer Dankbarkeit fingen wir an, Sonntags in den Gottesdienst zu gehen. Und so fing mein abenteuerliches Christenleben an.

Meine Dankbarkeit reichte aber nur für ein paar Monate. Danach fing ich an zu jaulen. Ich war damals 20 Jahre alt und alle anderen in der Gemeinde waren über 70. Und ich hatte verstanden, dass in die Kirch nur Menschen gehen, die Angst vor dem Tod haben oder die von Schlaflosigkeit gequält werden. Ich jedoch liebte es, am Sonntag zu schlafen und zu Sterben hatte ich auch noch nicht vor. Für mich war das ein wirkliches Opfer. Langeweile. Ich sah und hörte nichts. Gott hatte ich da nicht gefunden und verstanden, dass ich 50 Jahre zu früh da hingekommen war. Ich wollte diesen Preis nicht weiterhin bezahlen und eröffnete daher meiner Frau: „Du hast ja die Praktikumsstelle bekommen. Wenn du möchtest, dann geh, ich aber gehe da nicht mehr hin."

Sogar in dieser Zeit, als ich Gott noch nicht kannte, richtete Er Seine Aufmerksamkeit auf mich und bereitete die nächste umwälzende Plattform vor. Meine Frau lernte mit baptistischen Mädchen in einer Klasse und diese luden sie Mitte Dezember in ihre Gemeinde ein. In dieser vorweihnachtlichen Zeit hatte deren Chor festliche Lieder vorbereitet. Dies war im Dezember 1997. Meine Frau und ich fuhren in die 10 km entfernte Stadt zu diesem weihnachtlichen Konzert, das im Gemeindehaus der Baptisten stattfand. Der erste Eindruck hat mich sehr verwunderlich. Hier sah ich den genauen Gegensatz zu der anderen Gemeinde, die ich kannte. Bei den Lutheranern war die Kirche dunkel und kalt, hier war jedoch das Gegenteil der Fall. Hell und warm. In jene Gemeinde gingen nur Alte, hier jedoch waren sehr viele junge Leute und auch sehr viele im Alter von 22 Jahren. Das hatte meine Neugier geweckt. Also kommen zu Gott nicht nur jede, die Angst zu sterben haben, sondern auch so junge Menschen wie ich.

Wieder zu Hause angekommen fingen wir an darüber nachzudenken, wohin wir lieber gehen sollten. Dahin, wo die eigenen Leute sind, alle eines Glaubens oder dorthin, wo nicht die unseren sind, dafür aber viele Jugendliche. Das Streben nach Neuem überwog die Tradition.

Wiedergeburt

In der ersten Januarwoche 1998 waren wir zu einer Evangelisationsveranstaltung mit Jörg Fischer eingeladen. Dieser Deutsche, ein Ostfriese, evangelisierte sehr humorvoll. Der Herr wusste damals schon, dass humorvolle und lebendige Menschen mich mehr interessieren als traurige Menschen, voller Depressionen. Wenn jemand über Gott spricht und dabei selbst unglücklich aussieht, so kann er mein Interesse nicht wecken. Dies ist bei mir bis auf den heutigen Tag so geblieben. Ich finde, dass wir nur das geben können, was wir haben. Wenn Jesus, der in mir wohnt, uninteressant ist, weshalb soll ich ihn dir dann anbieten?

Zwei Tage klopfte der Heilige Geist an meinem Herzen, meinen Verstand vorbereitend. Dieser Sprecher sah glücklich aus. Am Ende des zweiten Tages gab er bekannt, dass morgen der letzte Tag sein würde und deshalb sollten wir eine Taschenlampe oder ein Feuerzeug mitbringen. Weshalb? Das würde er uns morgen erklären.

Natürlich nahm ich eine Taschenlampe mit, so wie er gebeten hatten. Das Thema lautete „Die Autobahn des Lebens". Er sprach über irgendeinen breiten Weg, der in die Hölle führt und über einen schmalen Weg, der in das Paradies führt. Ich verstand damals überhaupt nichts. Ich hörte einfach nur eine Aussage. „Wenn du zu Jesus möchtest, dann musst du auf der Autobahn die Ausfahrt nehmen. Dort steht das Schild „Jesus". Wenn du zu Ihm möchtest, dann zeige es mit deiner Taschenlampe, indem du so blinkst, als hättest du den Blinker gesetzt. Blinke und fahr ab." Im Saal waren über 500

Menschen und niemand ließ die Taschenlampe aufleuchten. Ich hatte in meinem Herzen den Wunsch, die Ausfahrt zu Jesus zu nehmen, doch als ich die anderen ansah und die Tatsache, dass niemand seine Taschenlampe benutzte, dachte ich, dass ich etwas falsch verstanden hätte. Deshalb ließ auch ich meine Taschenlampe nicht aufleuchten.

Der Evangelist sprach weiter. „Wenn du an der Ausfahrt vorbeigefahren bist, dann ist es nicht schlimm. Jetzt hast du noch eine Möglichkeit, da es eine weitere Ausfahrt gibt. Wenn du sie nehmen möchtest, dann blinke mit deiner Taschenlampe." Wieder wollte ich blinken, entschied aber auf die anderen schauend, dass ich irgendetwas missverstehen würde. „Wahrscheinlich sitzen hier alles Menschen, die das Ganze wohl besser verstehen als ich." Ich verstand damals nicht, dass alle 500 Menschen im Saal gläubig waren und dies war einfach ein Aufruf zur Buße.

Der Prediger setzte fort. „Du hast jetzt die letzte Möglichkeit, diese Ausfahrt zu nehmen, denn danach fährst du zu weit, sodass du nach einigen Jahren einfach wieder zu dieser Ausfahrt zurückkehren müssen wirst." Und hier verstand ich, dass ich alles richtig verstand. Alle anderen um mich herum verstanden es falsch. Und zum ersten Mal in meinem Leben pfiff ich darauf, was die anderen denken. Ich traf die Entscheidung: „Dann fahre ich eben alleine zu Jesus!" Und ich fing an, mit der Taschenlampe zu blinken, so wie mit dem Blinker beim Abbiegen.

Der Evangelist auf der Bühne bemerkte es und sagte: „Ausgezeichnet! Wir haben einen Menschen, der die Ausfahrt zu Jesus nehmen möchte. Führt ihn bitte nach vorne."

Und da packte mich die Angst. „Wie soll ich jetzt nach vorne auf die Bühne gehen? Ich muss mich vor 500 Menschen stellen. Schrecklich!" Doch ich schaffte es nicht zu fliehen, da Diener zu mir kamen und mich nach vorne begleiteten.

Der Heilige Geist warf mich einfach ins kalte Wasser und beobachtete dabei mit Vergnügen, wie in meinem Herzen ein Kampf stattfand zwischen der Angst und dem Wunsch Jesus zu folgen.

Als ich vorne stand musste ich auf viele Fragen antworten, an die ich mich heute nicht mehr erinnere.

Die einzige Frage, nach der meine Angst augenblicklich verschwand, war: „Möchtest du wirklich zu Jesus?"

Mich überkam so ein Freimut und so eine Neugier: „Was geschieht, wenn ich von der Autobahn abfahre?" Und als meine Neugier größer geworden war als die Angst, sagte ich: „JA, ICH MÖCHTE ZU JESUS!"

Alle fingen an, mich zu gratulieren, ich jedoch verstand nicht, weshalb.

Bereits in dieser Situation lehrte mich der Heilige Geist:

- Achte nicht auf die Reaktion der Masse, sondern höre auf dein Herz: Was möchtest du?

- Wenn deine Neugier die Angst übersteigt, dann kann ich, der Heilige Geist, arbeiten.

So nahm ich vor einem großen Publikum Jesus Christus als meinen Erlöser an. Nach einigen Monaten und Gemeinschaft mit anderen ließen wir uns taufen.

11 Jahre Religion, wie ein Leben in Ägypten

So fingen wir also mit meiner Frau an, sonntags zu den Baptistischen in die Gemeinde zu gehen. Wir bekamen neue Brüder und Schwestern, die uns halfen, geistlich zu wachsen. In dieser Zeit begann ich zu bemerken, dass die Bibel Gottes Wort ist, denn ich stieß auf Widerstand seitens meiner Verwandtschaft. Interessant ist, dass wenn Satan die Kontrolle verliert, dann nutzt er jedes Mittel, insbesondere durch dir nahestehenden Menschen. Von meinen Verwandten hatte mir nie jemand von Gott erzählt, doch sobald ich diesen Schritt ins Ungewisse gewagt hatte, wurden alle überaus gottesfürchtig und begannen mich zu lehren. Zum Beispiel dass die größte Sünde darin bestehe, seinen Glauben zu verraten. Und jedes Mal, wenn mich die Freude überfüllte und ich ihnen mitteilen wollte, wie herrlich es ist mit Gott zu leben, hörte ich immer ein und das selbe: „Schweig, du Verräter. Du hast deinen Glauben verraten und dafür wirst du dich verantworten müssen." Könnt ihr euch vorstellen, wie schmerzhaft es war, solche Worte zu hören, besonders von der eigenen Mutter? Ich verstand damals nicht, dass mein Herz geschliffen wurde und ich mit meinem Verhalten und meinem Leben ihr Interesse wecken musste. Durch mein Leben konnte ich sie natürlich nicht überzeugen, da ich ein Doppelleben führte. Sonntags ging ich in den Gottesdienst und in der Woche lebte ich ein weltliches Leben: Ich schaute weltliche Filme, hörte weltliche Musik und unterschied mich durch nichts von allen anderen.

In Seiner Gnade gab mir der Heilige Geist zum ersten Mal einen sehr weisen Gedanken, und zwar wie ich meinen Verwandten antworten sollte, wenn sie mich mit ihren

Aussagen in Bezug auf meinen Verrat quälten.

Als ich zu Gott betete, beschwerte ich mich bei Ihm darüber, dass mich niemand verstand und dass es sinnlos sei, ihnen über Ihn zu erzählen. Da hörte ich in meinem Verstand folgenden Gedanken: „Wenn sie dich nächstes Mal einen Verräter nennen, dann sage ihnen, dass sie zuerst den Verrat begangen hatten, da Martin Luther die Katholische Kirche verraten hatte." Bei dem Gedanken fingen gleich meine Augen an zu leuchten. Ich verstand zum ersten Mal, dass dies Gott war. Damals wusste ich noch nicht, dass der Heilige Geist mein Lehrer ist.

Als sich dann die Möglichkeit ergab, sagte ich es ihnen und sah folgendes Bild: Niemand von meinen Verwandten – und es waren über 10 Personen – konnte darauf irgendetwas erwidern.

Dies geschieht immer, wenn Gott vor uns her geht. Er sagt: „Wer mein Kind antastet, der tastet meinen Augapfel an." Das war mein erstes Erlebnis, bei dem ich sah, dass der Gott der Bibel real ist. Natürlich nahm niemand von meinen Verwanden nach dieser Niederlage Jesus Christus als seinen Herrn an, dafür hörten sie sofort auf, mich als Verräter zu betrachten.

In den 11 Jahren vergrößerte sich die Distanz zu meinen Eltern, doch ich hatte den Entschluss gefasst: „Herr, ich weiß nicht, weshalb Du mich aus allen meinen Verwandten ausgewählt hast, aber ich möchte einfach mit Dir leben und Deinen Willen erfüllen." So lebte ich ganze 11 Jahre in der Religion, wie in Ägypten. Ja, ich war wiedergeboren, doch mein Leben veränderte sich nicht. So, wie ich früher gesündigt hatte, so sündigte ich auch weiterhin. Wenn ich im Hauskreis die ehrliche Frage stellte:

„Ist es normal, wenn ich mich nicht verändere? Wenn die Probleme von früher bleiben?", bekam ich immer nur zur Antwort: „Bruder, tue Buße, bete und ließ die Bibel." Dies tat ich dann auch. Ich tat jedes Mal Buße bis das Gewissen anfing mich zu quälen: „Schämst du dich nicht? Du bist der größte Sünder. Was werden die Leute über dich denken? Erzähle bloß nicht davon. Jesus ist gnädig, Er wird dir vergeben, Hauptsache du bekennst deine Sünden vor dem zu Bett gehen." So handelte ich. Heimlich bat ich jedes Mal leise um Vergebung.

Beten konnte ich überhaupt nicht, sagte immer nur das gleiche. „Ich schließe mich mit meinem Gebet meinen Brüdern und Schwestern an. Amen." Die Bibel zu lesen war total kompliziert. Wenn wir im Hauskreis das Wort Gottes studierten, war ich immer darüber erstaunt, wie viel die anderen verstanden.

Meistens schaute ich ins Buch und sah den Wald vor lauter Bäumen nicht. Aber ich bin dem Herrn für diese Dienstagabende dankbar. Ohne diesen Hauskreis wäre ich wahrscheinlich nach paar Jahren vom Glauben abgefallen. Das Leben wurde langweilig. Wenn ich in der Bibel las, so sah ich, dass sie voller Wunder und Zeichen ist, doch in meinem Leben gab es das alles nicht. In den Gottesdiensten schlief ich ein, da ich nichts verstand. Die Sonntagsgottesdienste waren dermaßen öde, dass ich mit Vergnügen zu den Kindergottesdiensten in den Keller flüchtete, um wenigstens so im Gottesdienst nicht einzuschlafen. Zum Hauskreis ging ich wie zu einer Tankstelle, um bis zur nächsten Woche durchzuhalten.

Ich fühlte regelrecht, wie ich zu einem Zombie wurde. Ich musste kein Prophet sein um zu erraten, das folgendes kommen würde: In der Welt hatte ich keine Freunde mehr und das Leben mit den Gläubigen fing an sich in eine Sklaverei zu verwandeln. Dies erinnerte mich an die Geschichte des Volkes Israel. Solange Joseph an der Macht war, war alles wunderbar, doch mit der Zeit wurde das Leben in Ägypten unerträglich. Das Volk schuftete, doch das Leben brachte keine Freude. Und genauso sah es auch bei mir aus.

Als ich mich bekehrte, mich taufen ließ und begann zu lernen, war alles gut, doch mit der Zeit fing alles in mir an zu schreien. Und das ist alles? Hierfür bin ich von der Autobahn abgefahren? Ich hatte viel mehr erwartet. Und so sagte ich in einem meiner Gebete zu Gott: „Jesus, ist das alles? Du bist allmächtig und erschaffst immer neues. Wir sind nach Deinem Ebenbild erschaffen. Unsere Erweckungslieder sind bis zu 500 Jahre alt. Wo ist das Neue?" Ich denke, dass so eine ehrliche Herausforderung Ihm gefallen hat, denn er fing an, die nächste Stufe für mich vorzubereiten.

Moses Auftreten in meinem Leben

Alle, die die Bibel lesen, wissen, dass als das Volk Israel in Ägypten anfing, zu Gott zu schreien, da erhob Gott Moses, damit er sie aus der Sklaverei herausführte. Ebenso war es auch bei mir. Als mein Herz anfing zu stöhnen, hörte Gott es und Er erbarmte sich über mich. Ich danke Gott für die Frauen, deren Intuition wesentlich besser entwickelt ist als bei uns Männern. So war es auch bei meiner Frau. Ich merkte gar nicht, dass sie im Hauskreis provozierende Fragen bezüglich des Heiligen Geistes und Seiner Gaben stellte. Auf diese Fragen antwortete der Hauskreisleiter jedes Mal, dass es früher so war und die Gaben jetzt aufgehört hätten. Jetzt leben wir in der Gnade. Dabei ist die Gnade so herrlich und viel tiefer, als wir sie uns vorstellen können.

Jedes Mal bremste ich meine Frau und sagte: „Hast du es nötig, mit Menschen zu diskutieren, die von Kindheit an Gott kennen? Wir sind lediglich paar Jahre im Glauben, die aber ihr ganzes Leben. Du als Frau musst dich demütigen und alles annehmen wie es ist." Sie antwortete lediglich: „Und was ist mit Hebräer 13,8: Jesus ist gestern, heute und in Ewigkeit derselbe?"

Ich hatte gar nicht bemerkt, wie der Religionsgeist mich geblendet und meine Ohren verschlossen hatte, damit ich nicht sah, wie Gott uns aus der Sklaverei in Ägypten herausführen wollte. Ich antwortete ihr: „Dies wird über Jesus gesagt, du aber forderst eine Erklärung über den Heiligen Geist. Der ist nach den Aposteln verschwunden. Wir brauchen ihn nicht. Wir leben in der Gnade." Es war ein großer Fehler Satans, mir diese

Worte in den Mund zu schieben. Im Heiligen Geist wurde die Eifersucht geweckt und Er beschloss, mein ganzes Leben umzukrempeln, es auf den Kopf zu stellen. Und das ist Ihm gelungen.

Ich weiß nicht, wie es geschehen konnte, aber meine Frau fing an, einen seltsamen Prediger namens Andrej Shapovalov zu hören. Jedes Mal, wenn ich von der Arbeit nach Hause kam und zu Abend aß, legte sie eine CD mit seinen Predigten ein. Er ist ein sehr merkwürdiger Prediger, den der Herr gebraucht. Die Baptisten predigen leise und angemessen, er aber hatte im Vergleich mit uns einfach geschrien. So einen durchgeknallten Typen hatte ich noch nie gehört. Könnt ihr euch vorstellen, wie ich mich gefühlt habe, wenn ich von der Baustelle nach Hause kam? Den ganzen Tag Lärm vom Bohrer und anderen Geräten und zu Hause dann auch noch dieser Schreihals. Da wusste ich noch nicht, dass mein religiöser Geist auf die Barrikaden ging, weil er merkte, dass es nach Verbranntem roch. Deswegen regte ich mich die ganze Zeit auf: „Schalte diesen Durchgeknallten aus. Ich habe bei der Arbeit bereits den ganzen Tag Lärm. Lass mich doch wenigstens abends im Stillen sitzen. Die Predigten am Sonntag sind für mich ausreichend, ich muss sie nicht jeden Tag hören."

Der Heilige Geist hatte meiner Frau Weisheit gegeben, auf mich keinen Druck auszuüben. Sie wartete einige Tage ab und legte dann eine wunderbare Predigt von Andrej ein: „Ein Freund Jesu". Diese Predigt unterschied sich komplett von den vorherigen. Er sprach ruhig und erzählte von seiner Begegnung mit Jesus. Und da fing mein Herz an zu brennen. In Tränen aufgelöst sagte ich: „Wow, das möchte ich auch!" Ich erinnerte mich daran, dass als ich die Ausfahrt von der Autobahn genommen hatte, ich tatsächlich erwartet hatte, zu Jesus zu fahren. Aber stattdessen fand ich mich in einer Sackgasse wieder und hatte mich damit sogar abgefunden. Doch irgendjemand dort auf der CD sagte, dass er bis zu Jesus gefahren sein. Mein Mund wiederholte die Phrase: „Wow, ich möchte Jesus auch so begegnen." Als Antwort hörte ich von meiner Frau: „Dieser Andrej kommt nächste Woche nach Osnabrück, das 40 km von unserer Stadt entfernt ist. Lass uns da hinfahren. Dort wird eine Feuerkonferenz stattfinden." Nach so einem Zeugnis dachte ich darüber nicht mehr lange nach und erklärte mich einverstanden. In der darauffolgenden Woche fuhren wir zu dieser Feuerkonferenz, auf der der Heilige Geist mit ausgebreiteten Armen auf mich wartete.

Erste Begegnung mit dem Feuer des Heiligen Geistes

Ende August 2009 fuhren wir mit meiner Frau zum ersten Mal zu einer Konferenz. Bei den Baptisten hatte ich keine Konferenzen erlebt, nur Evangelisationen. Da ich früher in der Welt gelebt hatte, gefiel mir der Lobpreis sehr. Ich hatte gar nicht gewusst, dass man Gott mit einem Lächeln im Gesicht preisen und dabei auch noch in die Hände klatschen konnte. Während der 11 Jahre bei den Baptisten hatte ich nur müde Gesichter im Chor gesehen und Lieder im Mol-Stil gehört. Aber hier war es einfach cool. Ich entdeckte den ersten Pluspunkt für mein Herz. Danach fing Andrej an zu predigen und seine Stimmlage reizte mich schon nicht mehr. Das zweite Plus bestand darin, dass er schon über zwei Stunden predigte und seine Augen immer noch brannten und nicht erloschen und dabei ermüdete es mich nicht mal. Bei den Baptisten wollte ich bereits nach 20 Minuten einschlafen und hier dauerte es schon zwei Stunden und ich hörte immer noch zu. Ich wusste noch nicht, dass es seelische Predigten gibt, die dich einschläfern und es gibt Predigten aus dem Geist, die dich komplett ergreifen und dich aus der Zeitkapsel herausziehen. Dies geschah auch mit mir. Am Ende sagte er folgendes: „Ich weiß nicht, warum ich hier in Osnabrück bin, in einer Gemeinde, die nicht in unserem Bund ist, doch ich habe ganz real gehört, wie Gott zu mir gesprochen hat: Sogar wenn da nur ein Mensch anwesend sein wird, den ihn berühren möchte, so musst du das für mich tun. Ich weiß nicht, für wen ich hier stehe, aber Gott hat mich hierher geführt."

In meinem Verstand hörte ich nur einen Gedanken: „Das ist

wegen dir." Damals dachte ich: „Was bildest du dir ein? Hier sind über 300 Menschen." Dieser Gedanke kam schnell und grob. Jetzt weiß ich ohne jeden Zweifel, dass der erste Gedanke die Stimme des Heiligen Geistes gewesen war, da er leise, liebevoll und zart war.

Natürlich glaubte ich der Lüge. Diese Pille schluckend verschloss ich mich für den Heiligen Geist. Lieber Leser, ich erzähle dir nicht nur meine Siege, sondern auch meine Fehler, damit du die Stimme des Feindes erkennen kannst. Unser Jesus sagt: „Meine Schafe hören meine Stimme." „Ich bin die Liebe und in mir ist keine Angst." Jene Stimme, welche lauter war, war voller Verurteilung. Das war nicht Gott, denn mein Gott sagt, dass ich mehr als ein Sieger bin. Unsicherheit drang in meinen Verstand und verstärkte meine Neugier. Als Andrej anfing zu beten und „Feuer des Heiligen Geistes" zu schreien, fingen alle an ihre Hände zu heben, einschließlich meiner Frau. Ich aber stand in der baptistischen, gerechten Haltung, die Hände gefaltet, da. Nach einer Minute verstand ich, dass ich hier der einzige war, der mit zusammengefalteten Händen stand. Jetzt weiß ich, dass dies die Haltung des Religionsgeistes ist, welche der geistlichen Welt zeigt, dass ich für den Heiligen Geist verschlossen bin. Und so war es auch bei mir. Die Leute um mich herum schluchzten, einige hatten sogar Manifestationen, sodass sie schrien. Für einen Baptisten, der weiß, dass ein Gottesdienst gesittet und ruhig ablaufen muss, war das ein beängstigendes Bild.

Ich konnte meine Hände nicht heben, weil ich dachte: „Was gibst du hier so an? Steh gerecht." Doch mit den gefalteten Händen fing ich mich auch schon an unwohl zu fühlen, weil ich mich hier als Einziger so verhielt. Nach kurzem Grübeln entschied ich, die Hände zu entspannen und einfach runterhängen zu lassen. Doch da hatte ich falsch gedacht. Unten war so ein Feuer. Ich spürte physisch dieses Feuer und dachte, dass mir jemand einen Streich spiele und mit einem Feuerzeug eine Flamme an meine Hände halten würde. Als ich aber nach unten und zu den Seiten schaute, konnte ich keinen Spaßvogel entdecken. Alle waren entweder am schluchzen oder am schreien. Mit heruntergelassenen Händen konnte ich nicht mehr stehen und legte sie deshalb an die Taille. Heute nenne ich diese Haltung lächelnd „Pinguinpose". So stand ich etwa fünf Minuten, zwischendurch versuchend, die Hände wieder runterhängen zu lassen, was keinen Erfolg brachte. Dort war es tatsächlich so heiß wie im Feuer. Heute weiß ich, dass das die reale Atmosphäre des Heiligen Geistes war, angefüllt mit Feuer. Apostelgeschichte 2 ging hier weiter und der Heilige Geist berührte meine Finger mit Seinem Feuer. Mich berührend taufte Er mich selbst mit dem Geist, obwohl ich in dem Moment die Gabe der Zungenrede nicht hatte. Wegen des sich mir bietenden unheimlichen Schauspiels, angefüllt mit Manifestationen und Schreien, stieg bei mir die Angst hoch. Ich dachte: „Das Irrenhaus „Romaschka" macht hier einen Ausflug." Meine Frau sah ich da bereits nicht mehr, weil sie der Aufforderung nach vorne zu gehen gefolgt war.

Furchtbare Angst, in einer Sekte gelandet zu sein, bemächtigte sich meiner und ich rannte aus dem Gebäude raus. Was ging da bloß alles in meinem Kopf ab! Ich begann zu analysieren. Der Anfang war ja klasse gewesen, es hatte mir sogar gefallen, doch das Ende war total verrückt und meine Frau war bereits seit einer Stunde verschwunden. Als meine Frau mit feuchten Augen nach draußen kam, hatte sie ein Lächeln im Gesicht. Ich stand jedoch schon ganz wütend da. Lächelnd sagte sie: „Heute hat mich der Heilige Geist berührt." Ihre Freude interessierte mich nicht und ich brummte zur Antwort: „Komm her, ich berühre dich auch gleich. In was für eine Sekte hast du mich gebracht?" Ich war bereit, ihr vor Wut eine reinzuhauen. Dieser Gedanke jagte mir Angst ein, da ich noch nie meine Hand gegen meine Frau erhoben hatte. Ich riss mich mit letzter Kraft zusammen, um dies nicht zu tun. Zu dem Zeitpunkt hatte ich noch nicht mal geahnt, dass dies eine Manifestation der Dämonen in mir war. Uns hatte man bei den Baptisten gelehrt, dass in Christen keine Dämonen sind. Doch dies ist nur eine Theorie. Wenn jeder ehrlich zu sich selbst sein wird, so wird er auch unangemessenes Verhalten, das seinen Überzeugungen widerspricht, feststellen.

In der Bibel steht geschrieben, dass ein unreiner Geist die Gemeinschaft der Gerechten nicht aushalten kann. So war es auch bei mir.

Als Antwort erklang nur die leise Stimme meiner Frau: „Und du, wieso hast du nichts gefühlt? Schade." Den ganzen Rückweg verbrachten wir schweigend, mit einander nicht sprechend. Ich war in meine Gedanken vertieft, meine Frau in ihre. Zu Hause angekommen entschied ich meiner Frau zu beweisen, dass das, wo sie gelandet war und wohin sie mich mit hineinziehen wollte, eine Sekte war.

Zwei Wochen lang wühlte ich in der Bibel und suchte nach Beweisen. Doch je länger ich suchte, desto mehr verzweifelte ich, weil ich nur das Gegenteil fand. Der Heilige Geist machte seine Arbeit. Meine Frau ließ mich in Ruhe und betete einfach für mich.

Nach zwei Wochen, als ich langsam anfing mich zu beruhigen, kam meine Frau mit einer neuen Strategie zu mir und fragte: „Bist du Gott wirklich nicht begegnet?" Worauf ich gereizt antwortete: „Wo? In eurem Irrenhaus? Nein." Sie antwortete: „Dann musst du zum Encounter." Erstaunt fragte ich zurück: „Und was soll das bitte sein?"

Sie fuhr sehr weise fort: „Encounter wird als „Begegnung mit Gott" übersetzt." Und hier entschied ich, sie beim Wort zu nehmen. Ich dachte: „Hier bist du mir in die Falle gegangen. Ich werde dir beweisen, dass es alles Blödsinn ist. „Wo findet das statt?", fragte ich. „In Mannheim. Ein Männer-Encounter. Dauert drei Tage", antwortete sie.

„Gut", meinte ich. „Ich gebe dir und deinem Gott eine letzte Chance, so wie dein Shapovalov in seiner Predigt. Ich muss es entweder sehen, hören oder riechen. Alles andere akzeptiere ich nicht." Ich forderte meine Frau und Gott heraus und erklärte mich mit dem Encounter einverstanden.

Da wusste ich nicht, dass auch in Christen Dämonen sein können und ahnte nicht, was mich bei diesem Treffen erwartete. Ich greife etwas vor. Gott gefiel diese Herausforderung und ich erlebte eine einmalige Begegnung mit Ihm, welche mein Leben radikal veränderte.

Begegnung mit Gott

Und so fuhr ich im Februar 2009 nach Mannheim zu dieser Begegnung mit Gott. Gott wartete dort bereits auf mich. Er hatte von Seiner Seite alles vorbereitet. Zwei Wochen vor dem Encounter wurde beim Fußballspiel meine rechte Rippe verletzt. Bei einem Zusammenstoß bekam ich so einen heftigen Schlag in die Rippe, dass ich erst dachte, sie wäre gebrochen. Der Arzt sah auf dem Röntgenbild, dass ich einen inneren blauen Fleck mit einer Schwellung neben der Rippe hatte und erklärte mir, dass er mir da mit nichts helfen könne. Diese Schmerzen halten gewöhnlich acht bis zehn Wochen an. Wegen der höllischen Scherzen konnte ich weder lachen noch niesen. Heute weiß ich, dass das ein prophetischer Akt war, wie damals bei Jakob mit Gott.

Beim Encounter waren nur Männer. Wir mussten unsere Mobiltelefone und Uhren abgeben, damit wir von der Außenwelt nicht abgelenkt wurden. Zum ersten Mal in meinem Leben fühlt ich, dass dort eine andere Atmosphäre herrschte als bei uns Baptisten. Ich wusste nicht, dass zwei Stunden vor Beginn das Gebäude durchgebetet und mit Öl gesalbt worden war, damit der Heilige Geist sich so bewegen konnte, wie Er es wollte.

Als der Gottesdienst begann erklärte man uns, dass Gott uns von Dämonen befreien würde.

„Da ich bereits gläubig bin, dürfte es mich nicht berühren", dachte ich. In Gläubigen waren ja keine Dämonen. Licht und Dunkelheit können nicht gleichzeitig an einem Ort sein.

Diese Theorie hatten mich die Baptisten gelehrt. Doch Theorie und Praxis entpuppten sich als Gegensätze. Als das Thema „Unvergebenheit" vorgetragen wurde öffnete ich mich und dachte: „Ja, ich glaube, es hat sich in mir etwas gegen meinen Chef abgesetzt." Deswegen erklärte ich mich mit diesem Gedanken einverstanden und setzte ein Kreuzchen im Kapitel Unvergebenheit.

Plötzlich ergriff der Heilige Geist meine Gedanken und meine Erinnerung in der Zeitkapsel und ich sah vor meinen Augen folgendes Bild: Als ich neun Jahre als war, schenkte mein Opa meinem Cousin, seinem Enkel, ein Fahrrad. „Wow", dachte ich und fragte: „Wirst du jedem Enkel zum 10. Geburtstag ein Fahrrad schenken?" Mein Opa versprach, dass er mir zu meinem nächsten Geburtstag, an dem ich zehn werden würde, auch ein Fahrrad schenken wird. Von Februar bis Oktober wartete ich auf dieses Geschenk und träumte schon davon, wie ich mit dem Fahrrad durch die Straßen flitzte.

Doch als ich zehn Jahre als wurde, hatte er sein Versprechen vergessen. An diesem Morgen schlachteten wir ein Schwein und abends gab es an meinem Geburtstag frisches Fleisch, zu dem alle eingeladen waren, die beim Schlachten geholfen hatten. Mein Opa dachte, dass er einfach nur eingeladen worden war, um frisches Fleisch zu essen. Als dann abends alle anfingen, mich zu gratulieren und mir Geschenke zu schenken, wartete ich ungeduldig auf das Geschenk meines Opas.

Mein Opa hatte sein Versprechen vergessen und nahm daher einfach die Armbanduhr von seinem Handgelenk ab und schenkte sie mir. Heute hätte ich dieses Geschenk womöglich wertgeschätzt und es zur Erinnerung behalten, doch damals war ich zutiefst beleidigt und große Enttäuschung überkam mich. Natürlich zeigte ich meine Enttäuschung nicht, setzte ein Lächeln auf und bedankte mich. Doch sobald sich mir die Gelegenheit bot, rannte ich in den Hinterhof raus, wo sich ein Misthaufen befand und warf die Uhr heftig weinend dort hinein. Ich hatte die Uhr kein einziges Mal getragen und wurde auch nie danach gefragt.

Und nun zeigte mir der Heilige Geist, dass damals Kränkung und Unvergebenheit in mich hineingekommen waren. Ich verstand es sofort, als der Heilige Geist mir die Beerdigung meines Großvaters zeigte. Zu dem Zeitpunkt war ich schon über 30 Jahre alt. Es waren also über 20 Jahre vergangen, doch diese Seuche lebte in mir, ungeachtet dessen, dass ich schon über zehn Jahre gläubig war. Als mein Opa beerdigt wurde, haben alle um mich herum geweint und waren traurig, doch ich hatte nicht das geringste Mitgefühl. Vor mir lag einfach ein alter Mensch, dessen Zeit gekommen war, die Erde zu verlassen. Ich verstand jetzt einfach, wer mich dieser Gefühle beraubt hatte.

Ich sagte laut: „Ich vergebe meinem Opa allen Schmerz und jede Kränkung, die er mir angetan hat und ich möchte mit dem Gekränktsein nichts zu tun haben." Sobald ich dies ausgesprochen hatte, sagte der neben mir stehende Diener folgende Phrase: „Ich bin Zeuge dieser Lossagung. Das Wort Gottes sagt: Jede Sünde, die ins Licht gebracht wird, hat keine Macht mehr. Deshalb gebiete ich dir, unreiner Geist, erhebe dich und hinfort mir dir."

Sobald er dies ausgesprochen hatte, fühlte ich, dass irgendein Teil in mir anfing, kraftvoll mit Schreien und Weinen aus mir rauszufliegen. In mir begann ein Kampf. Einige Diener kamen zu mir gelaufen und fingen an für Befreiung zu beten. Im Laufe des ganzen Tages bekam ich verschiedene Befreiungen von Dingen, auf die mich der Heilige Geist aufmerksam machte. Ich fühlte mich immer leichter und leichter.

Lieber Leser, wenn du an Gott glaubst und vielleicht schon ein Diener Gottes bist, so sei einfach ehrlich zu dir selbst. Wenn du bis zu einem bestimmten Punkt gekommen bist und es nicht weiter geht, du das Gefühl hast, als würdest du vor einer Wand stehen, so musst du unbedingt den Heiligen Geist in dich hineinlassen. Er ist ein eifersüchtiger Gott. Er möchte nicht zusammen mit Kakerlaken in einem Tempel wohnen. Er wird einen Grundputz in dir beginnen. Und dafür brauchst du einen Encounter.

Nach solchen Berührungen des Heiligen Geistes war es mir ganz egal, was ich wusste und was ich verstand. Ich sagte nur eines: „Herr, das, was du angefangen hast, führe bitte zu Ende." Mein Herz war für alles offen. Ich fühlte die Atmosphäre des Himmels und war für jede Bewegung des Heiligen Geistes offen.

Abends erklärte der Pastor, dass wenn Dämonen gehen, so irren sie erst umher und versuchen dann, zurückzukehren. Wenn sie dann sehen, dass ihr Ort leer ist, so nehmen sie noch weitere sieben böse Geister mit. Deshalb muss dieser Ort mit dem Heiligen Geist gefüllt werden. Als ich mir nur vorstellte, dass eine ganze Horde dieses Abschaums in mir wohnen wird, so entschied ich unverzüglich für mich: „Nein, der Heilige Geist muss diesen Ort erfüllen."

Vorne wurde die Taufe im Heiligen Geist angeboten. Etwa zehn Personen äußerten den Wunsch danach und ich war einer von ihnen. Ich stand als letzter in der Schlange vor dem Pastor. Nach einiger Zeit schaute ich zur Seite und sah dort einen Diener stehen. Man sah ihm seine Vergangenheit als Alkoholabhängiger an, da der Alkohol seine Spuren hinterlassen hatte. Er lächelte mir zu und bot mir an, zu ihm zu kommen. Mein erster Gedanke war ablehnend, da ich zum Pastor wollte. Mein zweiter Gedanke war dann aber, dass Jesus kein Ansehen der Person hatte. Ich fühlte, dass ich zu ihm gehen sollte, da es vorne stockte. Beim ersten in der Schlange wollte es nicht gelingen. Da ich es nicht mag zu warten viel es mir leicht, diese Entscheidung zu treffen.

Als ich dann vor ihm stand, sah ich immer noch sein Lächeln. Heute weiß ich, dass Jesus mir durch ihn zulächelte. Alles, was er fragte, war: „Möchtest du die Taufe im Heiligen Geist?" Ich bejahte die Frage. „Wenn du den Vater um Brot bittest, wird er dir keinen Stein und keine Schlange geben", fuhr er fort. „Deshalb habe keine Angst und nimm es an." Er legte mir seinen Hand auf und sagte: „Jesus, taufe diesen jungen Mann mit dem Heiligen Geist." Auf mich kam so eine Kraft herab, wie von 10.000 Volt. Aus meinem Mund kamen irgendwelche Sprachen und ich wurde zu Boden geworfen. Ich lag mit geschlossenen Augen auf dem Boden und fühlte, dass im Bauchbereich etwas passierte. Es fühlte sich so an, als ob ein tosender Fluss dort seinen Anfang nahm, durch meinen ganzen Leib floss und durch meinen Mund hinausfloss. Meine Zunge war schwer und machte seltsame Bewegungen.

Neben den Lautsprechern liegend hörte ich einen Ausländer etwas laut sagen. Mich packte die Neugier und ich beschloss zu schauen, wer denn da gekommen sei. Als ich meine Augen öffnete, sah ich vor mir ein Mikrofon und den gleichen Diener, welcher immer noch lächelte. Erst begriff ich nicht, wer denn da sprach, da ich keinen Ausländer entdecken konnte. Doch dann fing ich an zu begreifen, dass ich es war. Meine Gedanken waren in dem Moment frei. Wenn ich russisch oder deutsch spreche, schalte ich innerlich um und denke an das, was ich sage. Doch in diesem Fall sprach mein Mund und meine Gedanken waren frei. Ich wurde so stark ergriffen, dass ich im Verlauf von 15 Minuten auf alle an mich gerichteten Fragen im Zungen antwortete. Ich dachte, ich würde in russisch antworten und alle um mich herum lächelten einfach.

So bekam ich die Taufe mit dem Heiligen Geist. Und er fuhr fort, mich nachts in meinen Träumen zu befreien. Die Freude überfüllte mich, ich lachte und trotzdem blieb eine gewisse Unzufriedenheit, denn ich wusste ja noch, weshalb ich eigentlich hingefahren war. Ich suchte die Begegnung mit Ihm, dem Unsichtbaren. Ungeachtet all dieser mächtigen Erlebnisse sagte ich mir: „Ich bin gekommen um Gott zu sehen, zu hören oder zu riechen. Mit allem anderen bin ich nicht einverstanden."

Es kam der letzte Tag. Der Pastor sprach vorne folgende Worte: „Jesus ist nicht nur gekommen, um Gefangene freizulassen, ebenso heilt er uns durch seine Wunden. Deshalb: Wenn unter uns Menschen sind, die Heilung brauchen, kommt nach vorne und wir werden für euch beten." Fast alle stürmten nach vorne. Ich wollte auch wegen meiner Rippe gehen.

Der Gang zwischen den Stühlen war bereits voll, sodass ein Vorwärtskommen nicht mehr möglich war und ich blieb zwischen den Stühlen stehen.

Plötzlich hörte ich in meinem Verstand etwas, das wie mein eigener Gedanke erschien: „Was möchtest du da vorne?" Es war seltsam, die eigenen Gedanken von der Seite zu hören. Ich fing an, mir in Gedanken zu antworten: „Heilung." Da höre ich weiter: „Welche Heilung?" Ich fuhr fort: „Die Heilung meiner Rippe." „Welche Rippe?", bekam ich zur Antwort. Ich fing an die Stelle abzutasten, die vor fünf Minuten noch schmerzte und mir große Unannehmlichkeiten bereitete. Ich fing an, stärker gegen die Rippe zu schlagen, fühlte aber immer noch keinen Schmerz. Vor fünf Minuten hatte ich noch beim Lachen und Niesen Schmerzen und jetzt fühlte ich nichts mehr, so, als wäre nie etwas gewesen. In meinen Gedanken fuhr die Stimme fort: „Du wolltest Mich sehen, du wolltest Mich hören, du wolltest Mich riechen. Ich bin Gott, der Allmächtige. Setze mir keine Grenzen und Rahmen. Ich komme so, wie ihr Mich nicht erwartet. Ich habe dich geheilt."

Mein Körper fing an zu zittern und die Tränen strömten aus meinen Augen. Ich verstand, dass Gott dies sprach. Ich war Ihm begegnet, obwohl ich Ihn nicht gesehen, nicht gerochen, nicht akustisch gehört hatte. Es war eine leise innere Stimme in meinem Verstand. Etwas derartiges hatte ich noch nie erlebt. In diesen drei Tagen hatte ich mehr erlebt als in den vergangenen 11 Jahren. Durch den Heiligen Geist fingen meine Augen an zu strahlen.

Als ich nach Hause kam und die Eingangstür öffnete, stand meine Frau schon im Flur um mich zu begrüßen. Sie schaute mir in die Augen und bemerkte sofort die Veränderung.

Sie umarmte mich und sagte: „Ich sehe an deinen Augen, dass du Gott begegnet bist!"

Auszug aus Ägypten

Nach diesem übernatürlichen Erlebnis bei Encounter hatte mein Herz angefangen feurig zu brennen. Ich wollte allen erzählen wie herrlich es ist, wenn der Heilige Geist in einem wohnt. Im Hauskreis konnte ich stundenlang von meinen Erlebnissen erzählen. Wenn es früher schwierig war, ein Wort aus mir herauszubekommen, so wollte sich jetzt mein Mund nicht mehr schließen. Ich erzählte erfreut, dass die Bibel langsam zum Leben erwachte, dass ich endlich beten konnte und ich erwartete, dass sich alle mit mir freuen würden. Doch je mehr ich erzählte, desto mehr stieß ich auf Widerstand. Ich musste immer wieder hören: „Bist du sicher, dass das alles Gott ist? In der Schrift steht geschrieben, dass in der letzten Zeit Satan viele durch Wunder verführen wird. Wir sind schon lange im Glauben und haben Erfahrung. Du bist jetzt nur euphorisch. Mal schauen, wo du in einem halben Jahr sein wirst."

Ich hatte zwei Wahlmöglichkeiten. Zum einen konnte ich in Ägypten bleiben, im Hühnerstall bei den anderen Hühnern und mich wie alle anderen ernähren. Zum anderen konnte ich wie ein Adler emporsteigen, wegfliegen und mir selbst die Beute zur Nahrung jagen. Es war natürlich angsteinflößend, wieder alles neu anzufangen, doch ich konnte nach dem, was ich erlebt hatte, nicht länger dort bleiben. Ich dachte: „Wenn ich diesen Schritt nicht mache, dann spucke ich Jesus geradewegs ins Gesicht." Ich erinnerte mich an dieses Lächeln und das Geschenk, das sich bis jetzt in mir befand.

Mit meiner Frau und den Kindern, wir hatten zu dem Zeitpunkt bereits drei Kinder, beschlossen wir, aus der Religion raus und ins Ungewisse hinein zu gehen. Neun Kilometer von unserer Stadt gab es eine Gemeinde, die gerade begann, sich für den Heiligen Geist zu öffnen. Allerdings hatten die einen sehr schlechten Ruf. Alle religiösen Gemeinden im Umkreis nannten sie sektiererisch und Irrlehren verbreitend. Und in genau diese Gemeinde beschlossen wir zu gehen. Zu dem Zeitpunkt gingen unsere Kinder schon nicht mehr gerne zur Gemeinde, da sie sich dort langweilten. Es gab jedes Mal Ärger, wenn wir uns auf den Weg zur Gemeinde machten.

Wir besuchten einige Male die Gemeinde in Beelen und spürten, dass jene Menschen genauso hungrig im Geist waren wie auch wir und dass sie mehr wollten. Sobald wir endgültig beschlossen hatte, dorthin zu wechseln, fing Satan an, mich auf niedrigste Art und Weise auszubremsen. Eines abends, als wir alle vor dem Kamin entspannten, fiel mein Vater, der sich schon damit abgefunden hatte, dass wir zu den Baptisten gingen, vor mir auf seine Knie und flehte mich an: „Mein Sohn, ich habe dich in meinem Leben nie um etwas gebeten. Ich bitte dich zum ersten Mal, bleibe da, wo du bist. Ich habe mich schon damit abgefunden, dass du bei den Baptisten bist. Ich bin froh, dass du im Glauben bist. Das ist besser, als drogensüchtig zu sein."

Und da sah ich das Bild, wie Satan sich durch den Mund von Petrus an Jesus heranschlich. Jesus aber antwortete ihm: „Weiche von mir, Satan." Natürlich habe ich meinem Vater nicht so geantwortet, da unser Kampf nicht gegen Fleisch und Blut ist, sondern gegen die Geister unter dem Himmel. Diese Weisheit hatte mir der Heilige Geist gegeben. Ich stellte mich auch auf die Knie, umarmte meinen Vater und sagte: „Papa, auch wenn ich dich schon um vieles in meinem Leben gebeten habe, erlaube mir, dich noch um eines zu bitten. Bis zum heutigen Tage sehe ich, wie der Herr mich an der Hand hält und führt. Bis zum heutigen Tag habe ich auf keinen gehört und habe eigenständig Schritte gemacht. Bisher bereue ich nichts. Gestatte mir, diesen Weg weiterzugehen. Sollte ich einen Fehler machen, so weiß ich, dass ich immer die Möglichkeit habe wie der verlorene Sohn zurückzukehren und die werden mich annehmen müssen, weil die Bibel es so lehrt. Doch wenn ich diesen Schritt nicht tuen und es dann mein ganzes Leben lang bereuen werde, werde ich es mir nicht vergeben können."

Ich fühlte, dass nicht ich allein diese Worte gesprochen hatte, sondern mit dem Heiligen Geist, denn die Atmosphäre im Zimmer hatte sich verändert. Es schien, als hätten diese Worte meinen Vater ernüchtert und er antwortete: „Sicher, mein Sohn, es ist dein Leben und du hast das Recht es so zu leben, wie du es für richtig hältst."

Auf diese Weise gingen wir aus der Religion so hinaus wie aus Ägypten. Vor uns lag die Wüste voller Wunder und Zeichen. Bis jetzt habe ich nie bereut diesen Schritt getan zu haben. Wir fingen an zusammen mit der Gemeinde in Beelen zu wachsen. Gott fing an, neue Menschen dort hinzubringen, die für den Heiligen Geist offen waren. Bis heute hat die Bewegung des Heiligen Geistes nicht aufgehört sondern nimmt immer mehr zu, entwickelt sich, geht weiter in die Tiefe.

Die nächsten Kapitel werden Zeugnisse darüber sein, was der Heilige Geist in meinem Leben getan hat. Bisher habe ich mehr meine Biographie niedergeschrieben, doch nun kommen mächtige Zeugnisse, die mich dazu bewegt haben, dieses Buch zu schreiben. Aus der Fülle des Herzens spricht mein Mund. Mein Mund sprach immer und pries den Herrn für die Wunder, die in unserem Leben waren. Viele Zuhörer, denen ich das erzählte, sagten mir, dass ich darüber ein Buch schreiben solle. Dieses Zeugnis war bereits in mir und fand jedes Mal einen Widerhall. Sehr oft schreiben bekannte Prediger Bücher und sie können uns durch ihre Bücher lehren. Ich hingegen bin überhaupt nicht bekannt sondern ganz gewöhnlich, so wie du. Wenn der Heilige Geist mich gebraucht, so kann er auch dich gebrauchen. Öffne dich einfach für ihn und sage: „Ja, auch mein Leben wird wunderbar."

Heilung meines Sohnes

Im Jahr 2005 schenkte Gott uns das dritte Kind. Wir nannten ihn Elias. Satan hasste von Anfang an dieses Kind, weil es von Gott stark gesalbt ist. Er kam einen Monat vor dem errechneten Termin zur Welt, sodass sich seine Lungen nicht selbständig entfalteten. Man nahm ihn uns für einen ganzen Monat weg und legte ihn eine spezielle klimatisierte Kammer, in der man ihm beim Atem half. Dieser Monat war für uns eine große Prüfung und der Anfang unseres Vertrauens auf Gott. Obwohl ich aufgrund der Sorge in der Zeit sieben Kilo abgenommen hatte, wuchsen langsam mein Glaube und mein Vertrauen auf Gott.

Nachdem Elias aus dem Krankenhaus entlassen worden war, diagnostizierte man bei Ihm die Erkrankung an Neurodermitis. Er vertrug weder Milchprodukte noch Eier. Bis zu seinem vierten Lebensjahr quälten wir uns mit ihm. Wir waren mit ihm in verschiedenen Krankenhäusern, cremten ihn mit kortisonhaltigen Salben ein, doch er hatte entweder die Nahrung erbrochen oder sein Körper wurde vom Ausschlag bedeckt, sodass er sich kratzte, bis es blutete. Als wir dann im Jahr 2010 zur Gemeinde in Beelen wechselten, fingen wir langsam an etwas zu erkennen, das wir bis dahin nicht wussten.

Wir sagten nicht mehr, dass dies der Wille Gottes sei. Weil er es zugelassen hatte, müssten wir es akzeptieren. Wir erfuhren, dass hinter der Krankheit nicht Gott sondern Satan steht. Wir hörten auf zu beten: „Herr, wenn es dein Wille ist, so heile ihn." Wir fingen an zu verstehen, dass Gott die Liebe ist und sein Wille darin besteht, dass wir immer gesund sind. Wir kannten nur noch nicht den Grund für die Krankheit und wie wir dagegen ankämpfen konnten.

In seiner Güte hat Gott uns gestattet, einen erstaunlichen Mann Gottes namens Michael Maslowski kennenzulernen. Im Laufe von einigen Monaten kam Michael unter der Woche regelmäßig zu uns in die Gemeinde und lehrte uns im Bereich der prophetischen Gabe. In einer der Lektionen bot er uns an, es selbst praktisch zu versuchen. Als wir an der Reihe waren, gingen wir mit unserem Sohn zu ihm und erklärten ihm unser Problem. Da wir die Wurzel der Krankheit nicht kannten, hofften wir die Antwort darauf vom Propheten zu hören. Er sagte uns, dass diese Krankheit die Folge eines geerbten Fluches sei. Wenn jemand von euren Vorfahren Beschwörungen ausgesprochen hat oder bei Mondlicht Kräuter besprochen hat, dann fügt Satan seinen Samen hinzu, welcher sich bis in die vierte Generation auswirkt. Und wenn sogar niemand von euch eine Krankheit hat, bremst es Satan nicht aus, denn er kann seinen Samen bis in die vierte Generation hinein streuen. Wir beteten zusammen und zerstörten den Generationsfluch. Unser Sohn gähnte einige Male und hustete kurz.

Michael sagten sogleich: „So, der Dämon ist raus. Er ist geheilt und befreit." Als unser Elias das hörte, ging er gleich zum Tisch, auf dem Torten standen, in denen sowohl Milchprodukte als auch Eier verarbeitet worden waren. Bis zu dem Moment hatte er noch nie Torten gekostet. Als ich seinen Teller, vollgepackt mit süßem Gebäck, sah, überkam mich die Angst. Ich sagte zu ihm: „Iss erstmal nur ein kleines Bisschen und dann schauen wir." In dem Moment war mein Glaube nicht so groß wie bei meinem Sohn. Er antwortete mir einfach: „Hast du es denn nicht gehört? Der Onkel hat gesagt, dass ich geheilt bin." Da hörte ich in meinem Geist eine mir bereits bekannte Stimme: „Seid wie die Kinder. Er hat mehr Glauben als du. Zerstöre ihn nicht. Nach seinem Glauben wird ihm geschehen." Ich erklärte mich innerlich damit einverstanden und erlaubte meinem Sohn so viel zu essen, wie er wollte. Zu meinem Erstaunen geschah nichts schlechtes. Er war tatsächlich geheilt.

Als ich meinen Verwandten diese frohe Nachricht erzählte, dass Jesus meinen Sohn geheilt hatte, hörte ich zur Antwort nur: „Er ist einfach aus dieser Krankheit herausgewachsen. Es kommt vor, dass wenn ein Kind älter wird, die Krankheit einfach verschwindet." Doch ungeachtet deren Unglaubens wusste ich, dass mein Jesus ihn geheilt hatte. Ehre sei Ihm dafür!

Seit der Heilung waren etwa vier Jahre vergangen. Wir machten mit unserer Familie und Freunden in Italien Urlaub. Bis zu dem Tag konnte Elias alles, was er wollte, essen. Es wirkte sich nicht negativ aus. Doch als wir nun Eis essen gingen, bedeckte sich sein Gesicht mit wässrigen Pusteln. In gerade mal einer Minute war sein ganzes Gesicht damit bedeckt. Und mein erster Gedanke war: „Stopp, er darf nicht weiter essen. Vermutlich ist noch etwas von der Krankheit geblieben und er ist nicht vollständig geheilt." Darauf hatte Satan nur gewartet. Ich bin sicher, dass wenn ich meine Gedanken laut ausgesprochen hätte, die Krankheit zurückgekommen wäre. Doch mein zweiter Gedanke war laut und deutlich, sodass ich zweifelsfrei verstand, dass er vom Heiligen Geist war: „Widerstehe dem Teufel und er wird vor euch fliehen. Was glaubst du? Was ist deine Realität? Die Symptome, welche dir Satan zeigt oder Gottes Wort, welches die Wahrheit ist? Und wenn du die Wahrheit erkennst, wird die

Wahrheit dich frei machen. Die Wahrheit sagt, dass wir durch die Wunden Jesu geheilt sind." In meinen Geist bekam ich die Erkenntnis, wie ich richtig zu handeln hatte. Ich ging zu Elias und sah schon die Angst in seinen Augen, denn er verstand nicht, was mit ihm geschah, warum Jesus ihn verlassen hatte. Nach einer kurzen Erklärung beteten wir zusammen mit ihm.

„Satan, im Namen Jesu Christi widerstehen wir dir mit unserem festen Glauben. Wir nehmen deine Symptome nicht an, nimm sie wieder zurück. Wir verkünden, dass unsere Realität das Wort Gottes ist. Wir sind bedeckt mit dem Blut Jesu Christi. Durch das Blut Jesu Christi sind wir geheilt und was Jesus einmal angefangen hat, das führt er auch zu Ende."

Und im gleichen Moment verschwanden die Pusteln. Vor Freude riefen wir „Halleluja" und priesen Gott für dieses weitere Wunder in unserem Leben.

Von Kraft zu Kraft, von Herrlichkeit zu Herrlichkeit

Als ich aus der Religion hinausging wusste ich noch nicht, was für ein erfülltes und interessantes Leben mich mit dem Heiligen Geist erwartet. Über den prophetischen Dienst wusste ich nur wenig und vertraute den Propheten nicht wirklich. Über den prophetischen Dienst hatte ich hauptsächlich nur negatives gehört und wenn ich ehrlich bin, hatte ich Angst davor. Ich dachte, dass sie alle meine Sünden sehen konnten und allen davon erzählten würden. Deshalb finde ich es jetzt sehr spannend, neue Leute in der Gemeinde zu beobachten, die das prophetische Wort nicht kennen. Wenn man ihnen anbietet zum Propheten zu gehen, lehnen sie ab. Jetzt kann ich sie verstehen.

Aber mein Heiliger Geist ist nicht so. Er möchte dich erbauen und bestätigt das, was Gott in dich bereits hineingelegt hat. Wenn der Prophet ein Wort von Gott freisetzt, durchdringt es deinen ganzen Leib und geht direkt in deinen Geist.

Nach dem Encounter war meine beliebteste Aussage: „Von Kraft zu Kraft, von Herrlichkeit zu Herrlichkeit." Wo das herkam und wo es geschrieben stand, wusste ich da noch nicht. Als mein Freund mir erzählte, dass in Amerika, in Afrika, in der Ukraine verschiedene Wunder geschahen und bei uns nicht, sagt ich ihm immer zur Antwort: „Auch bei uns werden wir von Kraft zu Kraft und von Herrlichkeit zu Herrlichkeit kommen." Und das sagte ich so oft, dass er eines Tages fragte: „Hast du im deinem Gedächtnis eigentlich abgesehen von diesem einen Vers auch noch einen anderen?" Ich musste einen Moment nachdenken und wirklich, woher kannte ich diesen

Vers? Ich wusste nicht mal, wo er geschrieben steht.

Es verging ein Monat und wir bekam Besuch von Geschwistern aus Osnabrück. Sie dienten uns prophetisch. Wie ich vorhin schon erwähnte, wollte ich nicht zu ihnen gehen, weil ich dachte, dass sie mich seelisch völlig entblößen würden. Doch als fast alle schon dran gewesen waren, konnte ich mich nicht mehr herausreden und ging vorsichtig zum Propheten. Sie dienten den Menschen schon über eine Stunde in einem separaten Raum. Als ich den Raum betrat, geriet ich in eine sehr interessante Atmosphäre. Ich wurde so von der Liebe Gottes umhüllt, dass die Angst sich verflüchtigte. Und ich erinnerte mich, dass ich etwas in dieser Art beim Encounter erlebt hatte. Ich verstand gleich, dass hier alle zu uns gehörten sodass ich mich entspannte und zu einem Diener ging, der mir zulächelte. „Mein Sohn, Ich bin so froh, dass du Mir gestattet hast, dich um 180 Grad zu drehen.."

Erst dachte ich, dass der Prophet mich als seinen Sohn bezeichnet. Obwohl er nicht mal älter als ich war, nannte er mich seinen Sohn. Und wann hatte er es geschafft, mich um 180 Grad zu drehen? Ich sah ihn zum ersten Mal. Erst als er weitersprach verstand ich, dass der Herr durch ihn sprach.

„Du bist wie ein Segel, welches ich gehisst und um 180 Grad gedreht habe. Du hast sehr lange in einer Bucht gelegen, in der nichts geschah. Doch jetzt werde Ich mit meinem Wind dich aus dieser Bucht hinaus aufs offene Meer führen. Dort wird es manchmal Stürme geben, doch fürchte dich nicht davor. Ich werde immer mit dir sein.

Ich werde dich von einem Liegeplatz zum nächsten leiten. Von

Kraft zu Kraft, von Herrlichkeit zu Herrlichkeit." Sobald er diese Worte ausgesprochen hatte, fing mein ganzer Körper an zu zittern und Tränen flossen mir aus den Augen. Ich verstand, dass Gott dies sprach. Und diesen Vers „von Kraft zu Kraft, von Herrlichkeit zu Herrlichkeit" hatte Er in mich hineingelegt, in meinen Geist.

Und so geschah es auch in meinem Leben. Oft sah ich, wie Gott mich im Befreiungsdienst gebrauchte. Jede Woche gab ich im Gottesdienst Zeugnis darüber, wie Gott durch mich wirkte.

In meinem Leben gab es ebenso auch Stürme. Satan gebrauchte seine Leute, die eine Scheibe an unserem Auto einschlugen und die Handtasche meiner Frau entwendeten, in der sich unsere Ausweispapiere und die Bankkarten befanden. Von unserem Konto wurden 1.500 Euro abgehoben, die der Herr in seiner Güte wieder erstattete. Diese Prophetie habe ich in meinem Leben durchlebt. So wie bei allen anderen auch kamen mir Zweifel, doch der Heilige Geist erinnerte mich immer daran: „Habe keine Angst, Ich bin mit dir."

Deshalb entschied ich für mich, dass ich Gott dienen möchte, komme was wolle. Ich sagte laut: „Ich fürchte die Stürme nicht, weil Gott mit mir ist und deshalb bin ich entschieden, bis zum Ende zu gehen. Führe mich, Herr, von Liegeplatz zu Liegeplatz. Von Kraft zu Kraft, von Herrlichkeit zu Herrlichkeit."

Weißt du, lieber Leser, manchmal sagen wir aus der Emotion heraus laute Worte und denken, dass Gott dies gefallen muss. Damit zeigen wir Gott unseren Glauben. So war es auch bei mir. Ich wusste da noch nicht, dass aufgrund dieser lauten

Worte sich mir schon bald eine neue Testphase nähern würde.

Der Herr sagte zu mir: „Zieh deine grellen Turnschuhe an, die mit den gelben und grünen Neonfarben sowie dein schwarzes Shirt mit den gleichen Neonfarben am Kragen und geh in die Gemeinde, aus der du herausgegangen bist." Natürlich fing ich an, mit Gott zu diskutieren: „Herr, ich bin doch nicht lebensmüde. In dieser Kleidung lassen die mich doch nicht mal in ihr Gemeindehaus." Und weiter hörte ich: „Du hast versprochen alles zu tun, was Ich dir sagen werde." Doch ich fuhr hartnäckig fort: „Ich sehe in dem, worum Du mich bittest, keinen Sinn. Erkläre es mir und wenn ich den Sinn darin verstehe, werde ich es tun."

„Ich stelle die Bedingungen und nicht du. Wenn du es machst, werde Ich es dir auch erklären." Wow, damit faszinierte Er mich. Ich war neugierig und zugleich auch ängstlich. Ich fing an, mich vorsichtig herauszureden, argumentierte damit, dass ich in Beelen oft dienen musste und daher keine freie Zeit hatte, um die andere Gemeinde zu besuchen.

Plötzlich hörte ich: „Lüge nicht. An diesem Sonntag, den 16. Dezember, musst du nicht dienen und hast somit Zeit." „Oh, das geht mir zu schnell", fuhr ich fort. „Ich habe ja keine Zeit, mich vorzubereiten." „Du brauchst nichts zu tun", hörte ich weiter. „Geh da einfach hin, sitze da und geh dann wieder."

„Das ist ja überhaupt sinnlos", dachte ich. Ich hätte es verstanden, wenn ich aufstehen und laut beten sollte damit alle sehen, wie cool wir beten können, nicht so wie diese Religiösen. Doch einfach nur hinzugehen und zu sitzen war total sinnlos. Dennoch entschied ich, am kommenden Sonntag, den 16. Dezember, in diesem Aufzug in die Gemeinde zu gehe, aus der ich drei Jahre zuvor rausgegangen war.

Wenn du im Geringen treu bist, gebe ich Großes

Im letzten Kapitel sprach ich davon, dass mein Lieblingsvers lautete: „Von Kraft zu Kraft, von Herrlichkeit zu Herrlichkeit." Nach dieser langen Diskussion mit Gott klang in meinem Kopf nun ein anderer Vers: „Sei treu im Geringen und ich gebe dir Großes."

Bis zu dieser Zeit hatte ich schon einige Erlebnisse mit dem Heiligen Geist gehabt und es interessierte mich sehr, wie dieses Große wohl aussehen mochte. Ebenso wusste ich, dass wenn ich von Gott sehen wollte, was dieses Große war, so musste ich mich Gott in den kleinen Dingen einfach anvertrauen. Deshalb ging ich wie ein bunter Papagei in die Baptistengemeinde.

Wie ich bereits erwartet hatte, trafen mich nach dem Betreten des Gemeindehauses viele verurteilende Blicke. Ihre Gedanken waren so laut, dass ich im Geist ganz konkret hörte, was sie über mich dachten und sagten. Ich betete innerlich: „Herr, ich hoffe du weißt, was du tust." Als Antwort sah ich nur ein geheimnisvolles Lächeln und fühlte, dass mein Vater mit mir zufrieden war.

Die anderthalb Stunden verflogen sehr schnell. Früher kamen mir 90 Minuten sehr lange vor, doch jetzt, nach drei- bis vierstündigen Gottesdiensten waren für mich diese 90 Minuten Peanuts.

Was mich aber verwunderte war, dass die drei Jahre in einer lebendigen Gemeinde mir die Augen geöffnet hatten und ich anfing Dinge zu bemerken, die ich früher nicht sah. Der Chor sang ja eigentlich Gott Lieder, doch deren Gesichter hatten einen Ausdruck, als würden sie jemanden beerdigen. Ein Lied strengte mich besonders an. Dort hieß es: „Du hast mich glücklich gemacht!", doch die Gesichter erzählten etwas anderes.

Trotz allem hielt ich diese Prüfung durch und nach 90 Minuten der Qual wollte ich bereits das Gemeindehaus wieder verlassen, als eine Frau auf mich zukam und folgendes sagte: „Viktor, ich bin so froh, dich zu sehen. Gott hat dich hier hingeschickt." Ich sah vor mir das Bild, in dem Jesus 99 Schafe zurücklässt um das eine zu holen und das hier war dasselbe.

Diese Frau hat 8 Kinder und zu der Zeit lebten sie miteinander im Streit, wie Hund und Katz. Vorgreifend verrate ich, dass Jesus diese Familie vollkommen wiederhergestellt hat. Sie sind fast alle aus der religiösen Sklaverei hinausgegangen und haben Freiheit und Heilung empfangen. Nach einem kurzen Gespräch mit dieser Frau fuhr ich zu uns in die Gemeinde, denn ich wusste, dass bei uns um diese Uhrzeit der Motor gerade erst warmlief.

Als ich zur Gemeinde in Beelen fuhr, hörte ich im Geist die Erklärung für diese Wanderung: „Als ich Abraham rief zu gehen, stellte er keine dummen Fragen sondern ging einfach. Und wo er mit seinen Füßen durchschritt, konnte Ich das verheißene Land für Mein Volk vorbereiten. Dank der Tatsache, dass du deine Füße in diesen grellen Turnschuhen in jene Gemeinde gesetzt hast, konnte Ich Mein Licht auf bestimmte Menschen scheinen lassen, die schon lange zu mir stöhnen. Jetzt werde Ich sie aus der Sklaverei herausführen können. Und da du Mir in dieser Sache gehorsam warst, werde

Ich dir zeigen, wie stark Ich heute durch dich wirken werde. Gehorsam ist für Mich mehr wert als Opfer."

Ungeduldig erwartete ich, was Gott heute wohl durch mich tun würde. Bei uns in der Gemeinde angekommen sah ich, dass meine Schwester zum ersten Mal ihre Freundin mit ihrem Mann und dem gemeinsamen Kind zum Gottesdienst mitgebracht hatte. Ich wusste noch nicht, dass die Freundin an diesem Tag Geburtstag hatte. Nach dem Gottesdienst wollten sie einfach, dass ich für deren Kind betete und es segnete. Ich legte meine Hände auf deren Kind und fing an zu beten. Da hörte ich: „Schau, was gleich geschehen wird." Nach einiger Zeit fing Glitzer an das Kind zu bedecken. Es war so schön, dass ich vor Erstaunen aufhörte zu beten. So etwas hatte ich in meinem ganzen Leben noch nicht gesehen. Später erzählte diese junge Frau, dass als sie nach Hause gekommen waren und dem Kind die Windel wechselten sahen sie, dass der Popo des Kindes und der Windelinhalt glitzerten. Als die Frau dies nun sah, fragte sie, was es denn sei. In meinem Geist hörte ich: „So sehen Meine Liebe und Güte aus. Nimm ihre Hände, denn Ich möchte ihr etwas geben." Sie erklärte sich damit einverstanden und streckte mir ihre Hände entgegen. Als ich ihre Hände berührte, sprudelte aus meinem Mund folgendes Gebet: „Jesus, Du lebst in meinem Leib. Berühre Deine Tochter und zeige ihr, wie sehr Du sie liebst." Sobald ich dies ausgesprochen hatte, ging aus meinen Händen eine solche Kraft aus, wie Strom. Die junge Frau fing an zu zittern und zu weinen, danach zu lachen. So einen unvermittelten Wechsel der Gefühle hatte ich bisher noch nicht gesehen. Aus meinem Mund floss das nächste heraus: „Meine Tochter, Ich schenke dir heute Meine Liebe. Schmecke sie und verliere sie nicht wieder." Die Frau wurde durchgeschüttelt, sie wurde trunken

57

und fing an zu lachen. „Danke für das Geschenk", sagte sie. „Ich habe heute übrigens Geburtstag."

Dies hatte ich nicht gewusst und einfach nur dem Heiligen Geist gestattet, durch mich zu sprechen. So übernatürlich hatte ich Gott erlebt und das nur deshalb, weil ich einverstanden war, im Geringen treu zu sein. Bis jetzt sehe ich wie der Heilige Geist sich freut, wenn seine Kinder in Kleinigkeiten treu sind. Oft träumen wir von großen Erlebnissen und schätzen die kleinen Dinge nicht, die für unseren Vater sehr wichtig sind. Daher solltest du, mein Freund, darüber nachdenken. Vielleicht hast du noch nichts mit Gott erlebt und bist in irgendeinem Bereich sogar schon von Ihm enttäuscht. Ich habe einen sehr guten Rat für dich: Unser Gott ist allgegenwärtig. Fange an Ihn in allem zu bemerken, in jeder Kleinigkeit. Fange an Gott zu lesen und du wirst sehen, wie dein Leben sich anfangen wird zu verändern.

Aktivierung der Gabe der Zungenrede

Als ich anfing die Bibel zu lesen und 1. Korinther Kapitel 12 las, lernte ich die neun Gaben des Heiligen Geistes kennen und fing auch schon an daran zu glauben, dass diese Gaben nicht aufgehört hatten zu existieren. Ich verstand, dass man nach ihnen eifern und sich wünschen musste, diese zu bekommen. Als ich immer und immer wieder über diese Gaben las, weckten die Gaben Heilung, Wundertaten und Wort der Erkenntnis mein Interesse. Damals war mir noch nicht bewusst, welche Motive sich dahinter verbargen. Ich dachte, dass wenn ich heilen und Wunder wirken würde, so würden alle sehen, was für einen Gott ich habe. Später zeigte mir der Heilige Geist, dass das Wort „ich" mehr wog als das Wort „Gott". Die Gabe der Zungenrede wollte ich überhaupt nicht haben, da die Baptisten diese Gabe ständig kritisieren: „Du verstehst es sowieso nicht, also wozu brauchst du es?" Doch beim Encounter bekam ich als erstes die Gaben der Zungenrede.

Erst nachdem ich schon etwa drei Jahre diese Gabe nutzte bot mir der Heilige Geist einen Tausch an. Ich hörte in meinem Verstand: „Lass uns tauschen. Du gibst Mir die Zungenrede wieder und Ich gebe dir die Gaben der Heilung und Wundertaten." Da zögerte ich schon keine Sekunde mehr, mit „Nein" zu antworten.

„Wieso?", fuhr der Heilige Geist fort. „Weil ich noch nicht dazu bereit bin", antwortete ich. „Diese Gaben werden mich umbringen, mein Stolz wird sich auf den Thron setzen und ich werde mich von Gott entfernen. Den Hochmütigen widersteht Gott, aber den Demütigen gibt Er Gnade. Wenn ich in Zungen bete, erbaue ich mich und bekomme von Gott Geheimnisse offenbart." „Gut gemacht", sagte der Heilige Geist. „Du hast diese Prüfung bestanden und bald werde Ich dir zeigen, wie wunderbar diese Gabe ist. Mit großer Freude wirst du viele mit dem Geist taufen und sie werden in Zungen sprechen. Du wirst über diese Gabe lehren, denn du wirst sie in ihrer ganzen Schönheit kennenlernen."

Die Erfüllung dieses Versprechens ließ nicht lange auf sich warten. Ungefähr zwei Wochen später kam zu mir mein Vater und sagte: „Könntest du zu Oma in die Psychiatrie fahren? Ich glaube, sie wird bald sterben. Fahr hin und verabschiede dich wenigstens von ihr." In diesem Moment war ich sogar beschämt.

Nach dem Tod meines Großvaters glaubte meine Großmutter ständig irgendwelche Menschen zu sehen, die sie angeblich besuchen kamen. Die ganze Zeit, tagsüber und nachts, schloss sie sich ein und verbarrikadierte sogar die Balkontür. Meine Eltern kamen mit ihr auch nicht mehr zurecht und ließen sie daher in die Psychiatrie einweisen.

Während des letzten Jahres hatte ich mich in den Dienst vertieft und hatte nicht mal Zeit, sie zu besuchen. Als mein Vater mir erklärte, in welch einem schlechten Zustand sie sich befand und dass sie bereits seit einigen Tagen keine Nahrung mehr zu sich nahm, verstand ich, dass ich es nicht mehr aufschieben konnte. Sie hatte meinem Vater erzählt, dass Dämonen zu ihr kommen und sie schlagen. Sie ließen sie nicht schlafen. Deshalb beschloss ich, meine Großmutter am darauffolgenden Sonntag nach dem Gottesdienst in der Psychiatrie zu besuchen. Wir sprachen mit meinem Vater ab, dass er am Sonntag zum Gottesdienst kommen und wir anschließen zusammen zu ihr fahren würden, denn ich war noch kein einziges Mal da gewesen und kannte daher den Weg dorthin nicht.

Als der Sonntag kam geriet ich etwas in Sorge, denn mein Vater konnte nicht mitkommen. Dabei hatte ich mich bereits darauf eingestellt und deshalb alle anderen Verpflichtungen und Termine abgesagt.

„Vertraue Mir, Ich kenne den Weg", erklang in meinem Verstand die mir schon gut bekannte Stimme. Das konnte nur der Heilige Geist sein. Nach dem Gottesdienst erklärte ich der Gemeinde was ich vor hatte und bat sie, für mich zu beten. Eine Schwester, die früher als Krankenschwester gearbeitet hatte, schlug vor, dass wir für Tücher beten sollten, die ich dann unter die Matratze legen sollte. Ebenso wollten wir im Gebet die Dämonen binden, damit sie meine Oma in Ruhe ließen. Ich war einverstanden, nahm die Tücher in meine Hände und wir fingen an zu beten. Erst setzten wir das Blut Jesu frei, welches heilt und befreit und danach beteten wir in Zungen. Nach nur fünf Minuten fühlte ich, wie ich stark berührt wurde und ich trunken im Geist wurde.

Wenn du, lieber Leser, solche Erlebnisse noch nicht gehabt hast, dann zieh keine voreiligen Schlüsse und lies dieses Zeugnis zu Ende, denn es verherrlicht wirklich meinen Gott.

Ich bat darum, dass man aufhörte für mich zu beten, denn ich wollte nicht in diesem trunkenen Zustand Auto fahren. Ich nahm die mit Gebeten angefüllten Tücher und bat den Heiligen Geist mein Navigationssystem zu sein. Ich wusste nur, dass sich das Krankenhaus, in dem meine Großmutter lag, 25 km von Beelen entfernt befand und in welche Richtung ich fahren musste. Das war alles, was ich wusste.

Ich bat den Heiligen Geist um drei Dinge:

1. Hilf mir, das Krankenhaus und meine Großmutter zu finden.
2. Hilf mir, diese Tücher unter ihre Matratze zu legen, denn wir wollen beten und die Dämonen binden.
3. Gib mir bitte Weisheit, damit meine Großmutter Jesus Christus als ihren Herrn annehmen kann.

Mit diesen drei Zielen ging ich aus dem Gemeindehaus raus, setzte mich in mein Auto und fuhr los. Nach wenigen Minuten tauchte vor mir ein Auto auf, das meiner Ansicht nach so langsam fuhr wie eine Schildkröte. Ich wollte es überholen, denn ich fahre nicht gerne langsam und ich habe nicht genug Geduld um hinter schleichend langsamen Autos zu fahren. Ich ließ den Gegenverkehr an mir vorbeiziehen und wartete auf eine Gelegenheit, das Auto zu überholen. Da hörte ich plötzlich in meinem Verstand die mir vertraute Stimme: „Schau dir das Auto an. Was siehst du?"

Ich stellte fest, dass vor mir ein weißes Auto mit dem Kennzeichen GT-EG 777 fuhr. Dann hörte ich weiter: „Wer Augen hat zu sehen, der sehe, was der Herr spricht." Es bedeutete: Gottes Engel 777. „Folge diesem Auto und du wirst dein Ziel erreichen."

Ich verwunderte mich über diese Gedanken und verstand, dass es nicht meine waren. Außerdem verstand ich, dass Satan keinen Grund hatte, mir zu helfen. Deshalb nahm ich diese Gedanken als Gedanken von Gott an. Ich überholte das Auto nicht, sondern folgte ihm gehorsam. In dem Moment hatte ich das Gefühl, dass am Steuer ein Fahranfänger saß, der erst gestern seine Fahrprüfung abgelegt hatte. Er fuhr nämlich ganz strickt nach Regeln. In der 30er-Zone fuhr er genau 30 km/h. Wenn die Geschwindigkeit auf 50 km/h begrenzt war, fuhr er genau 50. Und ich kroch gehorsam hinter dem Auto her. Zu meinem Erstaunen kamen wir tatsächlich in der Stadt und sogar in der Straße an, in der sich das Krankenhaus befand. Als ich das Schild des Krankenhauses sah, hörte ich wieder die mir bekannte Stimme: „Jetzt fahr auf den Parkplatz und dieses Auto kann ruhig weiterfahren."

Ich fuhr auf den Parkplatz und als ich aus dem Auto ausstieg, dankte ich dem Heiligen Geist für die wunderbare Navigation. Kaum hatte ich die Autotür geschlossen, als ich wieder diese stille sanfte Stimme hörte: „Schau auf die Uhr. Wie spät ist es?" Ich schaute auf die elektronische Uhr im Auto und sah, dass die Uhrzeit gerade von 14:59 Uhr auf 15:00 Uhr umsprang und hörte weiter: „Ich habe dich nicht umsonst langsam nach Schildern fahren lassen. Zwischen 13:00 Uhr und 15:00 Uhr ist im Krankenhaus die Mittagspause. Man hätte dich ohnehin nicht hineingelassen. Doch jetzt um 15:00 Uhr sitzen alle Patienten im Gemeinschaftsraum und es wird dir leicht fallen deine Großmutter zu finden."

„Wow", dachte ich. „Das ist cool. Sogar in solchen Kleinigkeit ist Gott aufmerksam." Ich dankte Ihm ein weiteres Mal und ging ins Krankenhaus. Weder im Erdgeschoss noch auf der ersten Etage konnte ich meine Großmutter finden. Erst in der zweiten Etage sah in der Ferne im Gemeinschaftsraum meine

Großmutter an einem Tisch sitzen. Ich schritt durch den Flur auf sie zu.

Ich fühlte auf mir die Gegenwart des Heiligen Geistes. Deshalb fingen alle Patienten, an denen ich vorbeiging, an, mit den Zähnen zu knirschen und zu knurren. In ihren Augen sah ich den Blick der Dämonen und sogleich verstand ich den Vers aus der Bibel in dem es heißt, dass ein unreiner Geist die Gemeinschaft der Heiligen nicht ertragen kann. Ebenso wusste ich, dass unser Kampf nicht gegen Fleisch und Blut ist. Deshalb sagte ich laut in russisch: „Im Namen Jesu Christi, alle Dämonen, die sich gerade manifestiert haben, schweigt. Ich als Vollmacht besitzender binde euch jetzt." Wenn ich ehrlich sein soll muss ich zugeben, dass ich so einen widerstandslosen Gehorsam gar nicht erwartet hatte. Sie schwiegen augenblicklich und ich konnte in Ruhe zu dem Tisch gehen, an dem meine Großmutter saß. Sie saß dort nicht alleine. Mit ihr saß dort eine Frau, die sehr merkwürdig aussah. Sie war nicht wirklich schwarz, eher braun. Die afrikanischen Wurzeln waren auf jeden Fall nicht zu übersehen. Ich hatte einfach dass Wissen, dass sie Marokkanerin war. Vor mir sah ich ein interessantes Bild: Meine Oma sagte ihr etwas in russisch und sie antwortete ihr in ihrer Sprache, wobei sie nach jedem Wort ihren Zeigefinger anfeuchtete und dann mit diesem Finger ebenfalls nach jedem Wort entweder ihre Stirn oder ihren Hals berührte. Und so unterhielten sich die beiden seit bereits mindestens 15 Minuten. Ich setzte mich an den Tisch und beobachtete diese Szene noch weitere fünf Minuten. Ich war erstaunt darüber, dass sich die beiden verstanden. Von der Seite sah es nach einer Unterhaltung aus, obwohl jede in ihrer Sprache redete. Ich erinnerte mich daran, dass ich noch zwei offene Ziele hatte, die Tücher unter die Matratze zu legen und meine Oma zu Christus zu führen.

Doch dafür musste ich mich mit meiner Oma in ihr Zimmer zurückziehen. Ich fing an zu sprechen: „Oma, hallo, ich bin gekommen dich zu besuchen." Aber sie reagierte auf mich überhaupt nicht. Sie erkannte nur noch meinen Vater. Als er bemerkte, dass sie anfing ihr Gedächtnis zu verlieren, stellte er sich demonstrativ vor sie hin und nahm mehrere Male seinen Hut ab und setzte ihn wieder auf. Und durch diese Handlung erkannte sie ihn. Ihre anderen Töchter und Enkelkinder erkannte sie gar nicht mehr. Deshalb reagierte sie überhaupt nicht, als sie mich ansah.

„Na toll", dachte ich. „Wie soll ich ihr von Jesus erzählen, wenn sie nicht bei klarem Verstand ist?"

„Vertraue mir und bete in Zungen", hörte ich in meinem Verstand. „Okay, was soll's", dachte ich und fing langsam an, in Zungen zu beten. Zu meinem Erstaunen schaute meine Oma in meine Richtung und sagte: „Bist du der junge Mann, der jeden Morgen unter meinem Fenster steht, lächelt und mir zuwinkt???"

„Spiel mit und sage „Ja"", hörte ich wieder. Ich nickte einfach mit dem Kopf. „Weißt du, ich brauche keinen Sex", fuhr sie fort, „doch ich würde mich gerne mit dir unterhalten." „Den brauche ich auch nicht," antwortete ich. „Ich würde mich auch sehr gerne mit dir unterhalten."

„Gut," meinte sie, „lass uns dann im mein Zimmer gehen. Ich zeige dir, wie ich lebe."

„Wow, klasse", dachte ich und willigte ein.

Meine Oma setzte sich in ihren Rollstuhl und sagte: „Lass uns fahren, ich zeige dir, wo ich wohne. Fahr aber nicht am Fenster entlang, denn dort stehen die Dämonen mit einem Fleischwolf, in den sie alle hineinwerfen. Sie sagen, dass es im Himmel keinen Platz mehr gibt und deshalb alle in den Fleischwolf müssen." Früher hätte ich gedacht, dass sie einfach spinnt, doch hier verstand ich, dass sie die geistliche Welt sah.

Wir gingen den Flur entlang und betraten ihr Zimmer. Dort war niemand, da sich zu dieser Zeit alle im Gemeinschaftsraum versammelten. Ich freute mich darüber, dass wir alleine waren und wollte schon die Tücher unter die Matratze legen als ich sah, dass im Zimmer zwei Betten standen. Meine Chancen standen 50 zu 50. „Welches ist dein Bett?", fragte ich meine Oma. Sie antwortete auf meine Frage nicht und fing stattdessen an, mir irgendwelchen Unsinn zu erzählen, den ich überhaupt nicht verstand.

„Frag sie, wie sie geschlafen hat", hörte ich in mir. Ich gehorchte und stellte die Frage. „Oh, heute habe ich schlecht geschlafen", antwortete sie und fuhr fort: „Heute Nacht ist Satan persönlich zu mir gekommen und hat mich mit seiner Fast in den Bauch geschlagen, sodass sogar das Bett dabei kaputt ging und ich nicht mehr schlafen konnte."

„Schau dir die Betten an, was siehst du?", hörte ich wieder in mir. Ich schaute mir beide Betten an und sah, dass das eine Bett ganz gewöhnlich aussah und das andere tatsächlich in der Mitte verbogen und kaputt war. „Oha", dachte ich und fragte: „Ich dies dein Bett?"

„Ja", antwortete sie. „Darf ich es reparieren?", fragte ich. „Natürlich", meinte sie. Wie cool, dachte ich und fing mit der Reparatur des Bettes an, wobei ich die Tücher unter die Matratze schob. Das Bett wieder in Ordnung zu bringen war nicht schwer, da das Lattenrost einfach aus der Halterung gefallen war. Wieder dankte ich dem Heiligen Geist für die wunderbare Partnerschaft. Mein zweites Ziel hatte ich nun auch erreicht. Es war nur noch eines übrig geblieben: Meine Oma sollte Jesus Christus als ihren Herrn annehmen. Meiner Ansicht nach war das die schwierigste Aufgabe. Ich konnte mir überhaupt nicht vorstellen, wie ich diesen nichts verstehenden Menschen evangelisieren sollte.

Ich nahm die Hände meiner Oma und fing an, mich mit ihr zu unterhalten. Nach fünf Minuten war mir klar, dass ich überhaupt keine Chance hatte. Die ganze Zeit erzählte sie irgendwelche Schauergeschichten, die sie in der letzten Zeit erlebt hatte. Ich brauchte ein Wunder von Gott.

„Bete in Zungen", hörte ich wieder. Also fing ich an in Zungen zu beten. Nach wenigen Minuten fühlte ich, wie mein Geist anfing Schluchzend in Fürbitte zu gehen und aus meinen Augen tropften Tränen. Da ich die Hände meiner Oma hielt, tropften meine Tränen in ihre Handflächen.

„Viktor, mein Söhnchen", hörte ich aus dem Mund meiner Oma. Ich trocknete meine Augen von den Tränen, um meine Oma anzuschauen. Ich sah ihre hellen, geöffneten Augen, so wie sie früher gewesen waren.

„Du hast sieben Minuten", hörte ich in meinem Verstand.

„Erzähle ihr von Jesus." In diesen sieben Minuten brachte ich meine Oma zu Gott. Mit einem völlig klaren Verstand nahm sie Jesus Christus an und nachdem sie sich bei mir bedankt hatte sagte sie: „Ich habe das Gefühl, dass ich dich das letzte Mal sehe."

„Wieso?", fragte ich. „Ich habe schlimme Verstopfungen und daher habe ich Angst zu essen. Seit drei Tagen habe ich nichts mehr gegessen und meine Kräfte verlassen mich langsam."

„Nicht schlimm, ich werde gleich für dich beten", antwortete ich und fing an zu beten. Während des Gebets stellte ich fest, dass die sieben Minuten abgelaufen waren und die Augen meiner Oma sich zu verändern anfingen. Sie schaffte nur noch zu sagen: „Oh, es kommt, ich möchte auf die Toilette. Komm mit mir."

Ich ging natürlich nicht mit, sondern holte eine Schwester, erklärte ihr die Situation und bat sie, meiner Oma zu helfen. Sie bat mich, das Zimmer zu verlassen und in den Gemeinschaftsraum zu gehen, was ich auch tat. Ich ging in den Gemeinschaftsraum und setzte mich an den Tisch, an dem vorher meine Oma gesessen hatte.

Mir gegenüber saß immer noch die gleiche Marokkanerin. Sie sah mich an und fing ihrem Repertoire entsprechend, mit dem angefeuchteten Finger, an mir irgendetwas zu erklären. „Ich verstehe Sie nicht", antwortete ich. Doch sie reagierte darauf gar nicht und redete einfach weiter. „Sprich mit ihr in Zungen", hörte ich in meinem Verstand erneut die mir schon so bekannte Stimme. Ich gehorchte und fing an in Zungen zu reden. Plötzlich merkte ich, dass meine Sprache anfing sich der ihren zu ähneln. Ihre Reaktion verwunderte mich. „Hou", hörte ich, „che, okay." Das war alles, was ich verstanden hatte. Sie hörte auf, ihren Fingen anzufeuchten und machte auch diese merkwürdigen Bewegungen nicht mehr. Sie redete einfach und lächelte dabei. Das ging so einige Minuten. Ich wusste nur: Sollte jetzt irgendjemand auf mich aufmerksam werden und mich beobachten, so würden sie mich direkt für einen Patienten halten. In dem Moment unterschied ich mich nicht von der Frau.

Bis heute frage ich mich, was ich der Frau erzählt hatte. Wenn ich im Himmel sein werde, werde ich meinen Herrn bitten, mir diese DVD mit der Übersetzung dazu zu zeigen.

Meine Oma war an dem Abend erfolgreich auf Toilette gewesen und lebte danach noch drei Jahre. Was ich an dem Tag nicht wusste war, dass der Heilige Geist meine Oma bei der Bekehrung direkt mit dem Geist getauft hatte. Sie sprach danach auch in Zungen. Als ich sie später mit meinem Vater besuchte, unterhielt ich mich mit ihr in Zungen. Sie verstand es besser und antwortete dann in russisch. Das war für alle Verwandten ein großes Zeugnis.

Als ich mich nach diesem Feldzug wieder ins Auto setzte, war ich vor lauter Freude in Tränen aufgelöst. Ich war alleine in dieser Dämonenhöhle gewesen. Ohne den Heiligen Geist hätte ich nichts erreicht. Ich dankte Ihm dafür, dass Er mich einfach als Sein Gefäß gebraucht hatte. Nach diesen Abenteuern verliebte ich mich in die Gabe der Zungenrede. Jetzt schätze ich diese Gabe sehr und wende sie oft an.

Lieber Leser, wenn dich dieses Zeugnis inspiriert hat und du nicht minder spannende Ereignisse erleben möchtest, dann sage mit voller Überzeugung: „Heiliger Geist, ich sage „Ja" zu Dir, gebrauche mich." Und wisse, Er sieht nicht die Person an. Er wartet voller Ungeduld auf diejenigen, die „Ja" zu Ihm sagen.

Aktivierung des Wortes der Erkenntnis

Lieber Leser, wenn du die Bibel liest, dann weißt du, dass in 1. Korinther Kapitel 12 alle neun Gaben des Heiligen Geistes beschrieben werden. Wenn wir die Geistestaufe erhalten, dann beinhaltet dies nicht nur die Gabe der Zungenrede. Ja, das ist ein wunderbares Zeichen, welches uns dabei hilft daran zu glauben, dass die Geistestaufe stattgefunden hat. In der Apostelgeschichte sehen wir, dass als der Heilige Geist auf die Erde herab kam, es drei Zeichen gab:

- Feuer
- Wind
- Reden in Zungen

Alle drei Zeichen habe ich in meinem Leben schon erlebt. Ein jeder von uns, wenn er in diese Welt hineingeboren wird, hat bereits eine Berufung von Gott, für irgendein Ziel. Wenn du davon noch nicht gewusst hast, dann bitte den Heiligen Geist, und er wird es dir offenbaren. Und in Abhängigkeit von deiner Berufung werden auch andere Gaben des Heiligen Geistes in dir aktiviert werden. Im vorhergehenden Kapitel erzählte ich von der Gabe der Zungenrede. Ebenso erwähnte ich, dass ich marokkanisch gesprochen hatte, obwohl ich die Sprache nicht kenne. Desweiteren habe ich während eines Gebets in Zungen auch schon einmal polnisch gesprochen und einen jungen Mann davor gewarnt, einen bestimmten Fehler zu begehen, denn Satan hatte für ihn eine Falle aufgestellt. Auf portugiesisch habe ich auch schon Heilung freigesetzt. Die Leute kamen zu mir und sagten, dass sie verstanden hätten, was ich gebetet hatte.

Wenn wir uns davor nicht fürchten sondern uns für diese Gabe öffnen, so werden wir erstaunt darüber sein, auf welch wunderbare Weise Gott uns gebrauchen wird.

In diesem Kapitel möchte ich euch die Gabe des Wortes der Erkenntnis näherbringen, die ebenfalls in mir aktiviert wurde. Diesbezüglich habe ich viele Zeugnisse. Daher dürfen wir gespannt sein, an welche mich der Heilige Geist für dieses Buch erinnern wird.

1. Beispiel: Als ich noch meiner Maler-Tätigkeit nachging, gab ich den Arbeitern, die mit uns auf den Baustellen arbeiteten, sehr oft Zeugnis über Gott. Ich erzählte ihnen, wie Gott in meinem Leben wirkte, dass die Schafe Gottes seine Stimme hören und dass ich davon träume und es übe, die Stimme Gottes zu hören. Manche hörten sich verwundert meine Erzählungen an, andere erwiderten grinsend: „Woher weißt du denn, dass du dir das nicht alles selbst ausdenkst?" Ich bin mir mehr als sicher, dass viele von euch verstehen, wovon ich spreche. Ihr hattet sicher auch solche Erlebnisse. Wir sind uns darin nicht immer sicher, dass der Gedanke, der in unserem Verstand geboren wurde, auf jeden Fall von Gott ist. Aber ich weiß, dass mein himmlischer Vater ein Herzensseher ist. Er wird dir keine Schlange und auch keinen Stein geben, wenn du Ihn um Brot gebeten hast.

So eine Begebenheit hatte ich bei der Arbeit, die allen Kritikern und Lästerern radikal den Mund gestopft hatte. Sie mussten sogar zugeben, dass ich Gott höre. Während unserer Arbeit auf einer Baustelle brauchten wir Wasser, welches wir aus dem Keller des Gebäudes holen mussten. Das war sehr umständlich.

Wir mussten erst runtergehen und dann mit dem Wasser wieder hoch.

Einer der Lehrlinge meldete sich freiwillig dafür, das Wasser aus dem Keller zu holen. Alle waren der Ansicht, dass er sehr nett und entgegenkommend war. Nur ich vernahm in meinem Verstand eine Stimme: „Er hat im Keller eine Flasche Wodka versteckt und jedes Mal, wenn er in den Keller geht, nimmt er einen Schluck." Ich beachtete den Gedanken nicht weiter und dachte, dass ich mir selbst was ausgedacht hätte.

Als dann in der Mittagspause alle Arbeiter unten standen und essen gehen wollten, sagte einer meiner Kollegen folgendes: „Seht euch diesen fleißigen jungen Mann an. Wir mussten ihn zu nichts überreden. Er hat selbst den Wunsch geäußert, uns das Wasser zu bringen, damit wir ohne Unterbrechungen arbeiten können. Nehmt euch alle ein Beispiel an ihm." Sobald er dies gesagt hatte, kam mir wieder der Gedanke, dass er im Keller trinkt.

Als Antwort auf seine Aussage sagte ich ganz ruhig: „Ich wüsste gerne, ob er auch dann so gerne in den Keller Wasser holen gehen würde, wenn da nicht der Wodka wäre."

„Wie meinst du das?", fragten alle. „Mir hat Gott einfach gesagt, dass er nur deshalb freiwillig in den Keller geht, weil er dort eine Flasche Wodka versteckt hat", erklärte ich.

Das Gesicht dieses jungen Mannes veränderte sich vor Wut und er meinte höhnisch: „Wenn dir das dein Gott gesagt hat, dann kann er dir ja vielleicht auch zeigen, wo diese Flasche liegt." Da wusste er noch nicht, dass mein Gott es mag, wenn man Ihn prüft und zum Duell herausfordert. „Geh und habe keine Angst. Ich werde dir zeigen, wo sie liegt", hörte ich. „Gut", antwortete ich und ging in den Keller, in dem es kein Licht gab. Ich hatte nicht mal eine Taschenlampe mit, sondern lauschte nur meinen Gedanken. Links, rechts, geradeaus, noch mal links, jetzt geh geradeaus. Eine Wand. Strecke deine Hand auf Gesichtshöhe aus. Du wirst eine Öffnung ertasten, in der die Flasche liegt. So war es auch. Ich fühlte etwas gläsernes. Als ich mit der Flasche Wodka aus dem Keller zurückkam sahen alle, dass 1/3 des Inhalts bereits getrunken worden war.

„Wow", hörte ich von fast allen. „Es ist cool, wie Gott mit dir spricht" , sagten alle, außer einem. Er wurde rot vor Scham, entschuldigte sich und versprach, bei der Arbeit nicht mehr zu trinken.

Solche Beispiele verbunden mit meiner Arbeit habe ich in Massen, sodass ich nicht alles erzählen können werde.

Es gab Begebenheiten, bei denen sich die Ärzte zu 99 Prozent in der Diagnose sicher waren, doch ich sagte, dass es nicht der Wahrheit entsprach, da ich von Gott das genaue Gegenteil hörte. Ich sagte, dass 1 Prozent von Gott viel mehr sei als 99 Prozent von den Ärzten. Die Jungs waren begeistert, wenn nach einer Woche oder sogar zwei sich die Ärzte entschuldigten und meinten, sie hätten sich geirrt.

Eine solche besondere Begebenheit möchte ich euch erzählen, denn das verherrlicht meinen Herrn Jesus Christus.

2. Beispiel: Ein junges Paar fing an zu uns in die Gemeinde zu kommen. Die Schwester der jungen Frau ging bereits seit etwa

zwei Jahren zu uns in die Gemeinde, sodass wir einander schon etwas kannten.

Als diese junge Frau die Treppe zu unseren Gemeinderäumen aufstieg, trafen sich unsere Blicke. Ihr Gesicht war etwas angeschwollen, so wie es oft bei Schwangeren zu beobachten ist. Was ich da noch nicht wusste war, dass die Ärzte ihr die Diagnose der Unfruchtbarkeit gestellt hatten und dass das, was ich an ihr sah nicht real sondern eine Vision war. Durch das Wort der Erkenntnis kam mir der Gedanke: „Eine schwangere Frau kommt nach oben." Sie schien sogar außer Atem zu sein.

Nach dem Gottesdienst kam zu mir die Schwester der jungen Frau und bat mich, für den Rücken ihrer Schwester zu beten, denn sie hatte in letzter Zeit starke Rückenschmerzen.

„Wieso soll ich für sie beten?", fragte ich und fuhr fort: „Das ist ein normaler Zustand für eine schwangere Frau. Bei schwangeren Frauen schmerzt oft die Lendenwirbelsäule. Nach der Geburt wird sich alles normalisieren." Sie war über meine Antwort sehr verwundert und brachte gleich ihre Schwester zu mir. „Kannst du bitte all das noch mal wiederholen, was du mir eben gesagt hast?", bat sie mich. Als ich der jungen Frau meine Worte wiederholte, sah ich vor mir eine ganz andere Gestalt: schlank, nicht angeschwollen und ganz offensichtlich nicht schwanger. Das fiel mir auf, als ich zu Ende geredet hatte.

Sie, eine junge Frau, dankte mir für das Wort und sagte: „Außer denen, die mir am nächsten stehen, weiß niemand, dass die Ärzte bei mir Unfruchtbarkeit diagnostiziert haben."

Sie nahm dieses Wort von Gott an und ging in der folgenden

Woche zum Arzt, um sich untersuchen zu lassen. Das Ergebnis war negativ. Als sie dann nächste Woche auf mich zukam, sah ich in ihren Augen Trauer und Enttäuschung.

„Wieso hast du mir gesagt, dass ich schwanger bin? Es ist nicht wahr. Die Ärzte haben die Diagnose noch mal bestätigt." Mit Bitterkeit in der Stimme hörte ich diese Frage von ihr. Wisst ihr, wenn man euch so eine Frage stellt, jagt man euch damit in die letzte Ecke. So habe ich mich jedenfalls gefühlt.

„Entschuldige mich bitte, wenn ich dich enttäuscht habe", fing ich an. „Aber ich habe dir nicht gesagt „So spricht der Herr". Ich habe einfach nur gesagt, was ich gesehen habe und ich habe dich schwanger gesehen. Wenn ich dich jetzt anschaue, so siehst du normal aus. Doch an dem Tag, als du die Treppe heraufkamst, sah ich dich schwanger. Vielleicht bist du in der geistlichen Welt bereits schwanger und musst es durch deinen Glauben in die physische Welt herunterholen."

Ich wusste nicht, dass das letzte Wort direkt vom Heilige Geist war und sich in ihr Herz legten. Sie nahm es im Glauben an. Und sogar als sie sich noch einige Male vom Arzt untersuchen ließ und ihr immer wieder gesagt wurde, dass sie unfruchtbar sei, sagte sie entschlossen: „Ein Prophet hat mich schwanger gesehen."

Nachdem sie ihre Ärzte mit den Untersuchungen schon zu ermüden anfing, sagte einer zu ihr: „Die Krankenversicherung übernimmt so viele Untersuchungen nicht. Deshalb machen wir heute die letzte Untersuchung und wenn Sie sich wieder untersuchen lassen möchten, werden Sie die Kosten selbst übernehmen müssen."

Gut, dass der Arzt diese letzte Untersuchung noch machte. Er war geschockt, als er auf dem Bildschirm die Fruchtblase mit dem Embryo sah. Sie war schwanger! Unser Gott kommt nie zu spät und sehr selten zu früh.

Sie gebar einen gesunden Jungen und nannte ihn Noah. Nach der Geburt des Kindes blieb die Diagnose der Unfruchtbarkeit bestehen, weil gründliche Untersuchungen nicht zu einem anderen Ergebnis führten.

Es vergingen zwei Jahre, der Junge wuchs, sie und ihr Mann kamen immer wieder mal zu uns in die Gemeinde. An einem Tag bemerkte ich, dass sie sich immer wieder in meiner Nähe aufhielt. Solche Dinge fallen mir auf. Es schien, als würde sie mich was fragen wollen, sich aber nicht traute. Als ich bemerkte, dass sie heute recht oft zu mir herüber schaute und sich in meiner Nähe aufhielt, hörte ich in meinem Verstand: „Sie möchte ein zweites Kind und wartet darauf, dass du es freisetzt. Habe keine Angst. Ich möchte ihr ein zweites Kind geben. Setze es frei."

Ich rief sie zu mir und fragte: „Wollt ihr ein zweites Kind?" In ihren Augen leuchtete Freude auf und sie antwortete: „Ja, doch bisher hat es nicht geklappt." Nach dem, was ich gehört hatte zweifelte ich nicht mehr daran, dass ihre Zeit gekommen war und betete ein einfaches Gebet: „Im Namen Jesu Christi setze ich das zweite, lang erwartete Kind frei und zerstöre alle Pläne Satans in Bezug auf diese Familie."

Nach neun Monaten hielten sie eine gesunde Tochter in den Armen.

Jetzt geht diese Familie in unsere Gemeinde in Beelen und dient mit uns zusammen dem Allmächtigen Gott, der das Wissen der Ärzte beschämt hat und Seine Herrlichkeit gezeigt hat. Jetzt sind wir Zeugen dessen, dass Gott das letzte Wort hat.

Eigentlich hat der Heilige Geist in meinem Leben sehr oft das Wort der Erkenntnis gebraucht. Wenn ich etwas erzähle, vor allem wenn es dabei um geistliche Dinge geht, so ist es schwer es in Worte zu packen. Jesus ist für mich darin ein gutes Beispiel. Er hat geistliche Dinge in Gleichnissen erzählt. Ebenso versuche ich, diese Dinge den Menschen in Gleichnissen zu erklären. Oft höre ich dann: „Wenn du „zum Beispiel" sagst, triffst du ins Schwarze." Der Heilige Geist hat mir dieses Prinzip anhand eines Mobiltelefons erklärt.

Wenn ein Mensch nicht mit dem Heiligen Geist getauft ist, gleicht er einem Mobiltelefon ohne SIM-Karte. Mit diesem Telefon kann man nur die Nummern 110 und 112 anrufen. Das sind die Notrufnummer der Polizei und des ärztlichen Notdienstes in Deutschland. Du hörst Gott nicht und erlebst ihn nur in kritischen oder schwierigen Situationen. Nur in SOS-Situationen.

Wenn du mit dem Heiligen Geist getauft wirst, setzt man in dich die SIM-Karte ein. Du kannst jederzeit überallhin anrufen. Du fängst an, Gott zu hören. Du sprichst mit ihm wie mit deinem Papa. Du lernst, die Stimme Gottes zu hören. Und wenn du nicht nur plappern sondern auch hinhören wirst, so wirst du Ihn hören.

Den Akku musst du aber immer noch selbst aufladen und der

wird durch das Reden in Zungen aufgeladen, denn wenn du in Zungen sprichst, erbaust du dich selbst und gleichzeitig legt Gott persönlich Seine Geheimnisse in dich hinein. Und diese Geheimnisse sind Worte der Erkenntnis. Gott kann Seine Informationen aus dir so herausschöpfen, dass du es nicht mal bemerkst.

Aktivierung der Prophetischen Gabe

Im folgenden Kapitel möchte ich euch von meiner derzeit liebsten Gabe erzählen. Das ist die prophetische Gabe. Dazu möchte ich gleich sagen, dass diese Gabe viele Fassetten hat und jeder bewegt sich darin auf seine Art. Ich kenne Propheten, zu denen Gott durch Zahlen spricht, durch Farben oder durch die Sterne. Sogar wenn wir es nicht verstehen gibt es uns nicht das Recht, es abzustoßen oder, noch schlimmer, zu kritisieren und zu behaupten, es sei nicht von Gott.

Apostel Paulus schreibt an die Gemeinden, dass sie um diese Gabe eifern sollen und danach, sie kennenzulernen. Die Gemeinde der letzten Zeit muss sich im fünffältigen Dienst erheben. Bei uns in Deutschland sehe ich bisher nur den dreifältigen Dienst: Pastor, Lehrer und Evangelist. Wenn die Gemeinde sich nur in diesen Formaten bewegen wird, so wird sie das Übernatürliche nicht sehen. Erst wenn Apostel und Propheten sich erheben werden, wird die Gemeinde in das Übernatürliche hineingehen.

Ich weiß, dass Gott mich derzeit auf eine neue Ebene hinaufführt, welche mit prophetischen Handlungen zusammenhängt, die sich sehr stark auf die geistliche Welt auswirken. Doch darüber werde ich wahrscheinlich in meinem nächsten Buch schreiben, wenn ich bereits von meinen Erfahrungen werde berichten können. In diesem Buch möchte ich die ersten Erlebnisse mit der prophetischen Gabe weitergeben. Als ich beim Encounter war und durch den Feuerfluss ging, den die dienenden Propheten bereitet hatten, hörte ich ein prophetisches Wort, das in mein Leben gesprochen wurde: „Hier kommt Josua, der sein Volk an solche Orte führen wird, an die zu gehen viele Angst haben werden."

Jetzt verstehe und sehe ich es schon mehr als damals. Viele haben Angst vor der prophetischen Gabe, weil Satan in den ganzen Jahren diese Gabe verzerrt hat und von Seiten der Gemeinde und der Diener viele Fehler gemacht worden sind. Wenn nun jemand prophetisch redet, wird versucht, darin Fehler oder im schlimmsten Fall Satan selbst zu finden. Durch eine interessante Prophetin namens Deborah hat mich Gott gelehrt, Ihn in allem zu sehen, denn Er ist allgegenwärtig und nicht Satan. Und ich bin dankbar für Propheten, die Gott gehorsam sind und in Menschen das sehen, was andere nicht sehen und nicht einen zerbrechen und in den Dreck treten, was im Anfangsstadium der Entwicklung der Gabe besonders schlimm ist.

In der Güte und Weisheit des Heiligen Geistes bekam ich die Möglichkeit, einen Propheten aus Israel kennenzulernen, und zwar Deborah. Sie hat all die Dinge, die in mir verborgen waren, bemerkt. Durchs Gebet wurde das aktiviert, was Gott selbst vor vielen Jahren in mir versiegelt hatte. Als ich darüber nachdachte, was Deborah gelehrt hatte, erinnerte ich mich an die Begebenheiten in meinem Leben, in denen der Heilige Geist bereits gewirkt hatte, worauf ich aber nicht aufmerksam geworden war. Und diese Begebenheiten, an die ich mich erinnert hatte, möchte ich in diesem Buch niederschreiben.

Die prophetische Gabe wurde vor etwa vier Jahren aktiviert. Als meine Frau und ich nach dem Sonntagsgottedienst bei Freunden aus der Gemeinde zu Besuch waren, entschieden wir nach dem Teetrinken, gemeinsam zu beten. Wir beteten darum, dass der Herr uns erfüllen und dieses Haus mit einer außergewöhnlichen Salbung segnen möge, damit jeder ungläubige Mensch, der dieses Haus betritt, einen ungewöhnlichen Hunger nach Jesus verspüren möge und sein Herz auf übernatürliche Weise für das Evangelium und die Annahme Jesus als seinen Herrn offen sei.

In diesem Raum war nichts außergewöhnlich, bis auf ein Bild, das im Wohnzimmer an der Wand hing. Es war eine aus Holz gefertigte Handarbeit. Dieses Bild hing schon lange bei ihnen an der Wand, doch gerade an diesem Abend weckte es meine besondere Aufmerksamkeit und ich musste wegen des Gedankens lachen, der in meinen Verstand drang. Auf dem Bild saßen auf der einen Seite drei Spatzen nebeneinander und mit etwas Abstand saß ein vierter Spatz. Mein Grinsen bemerkten alle und fragten, was denn so lustig sei. Darauf musste ich antworten: „Wisst ihr, dass dies ein prophetisches Bild ist? Diese drei Spatzen sind eure drei Kinder, 15, 13 und 10 Jahre alt. Alle drei dicht beieinander. Es wird die Zeit kommen und ihr werdet ein viertes Kind bekommen." Als Antwort hörte ich: „Geh du mit deinen Prophezeiungen. Wir nehmen sie nicht an."

Als sie nach zwei Jahren ihr viertes Kind in den Armen hielten, haben wir noch lange gelacht und uns daran erinnert, wie Gott durch ein Bild gesprochen hatte.

Oft denken wir, dass Gott laut, akustisch hörbar zu uns spricht. Vielleicht ist es bei jemandem auch so gewesen, doch zu mir spricht Gott durch Kleinigkeiten, die niemand bemerken möchte. Ich bemühe mich, Gedanken zu bemerken, die unaufdringlich durch meinen Verstand huschen.

Oft bitten Menschen darum, genauer zu erklären, wie diese Gabe funktioniert, in Form einer Formel sozusagen. Doch so funktioniert es nicht. Man kann Gott nicht in einen Rahmen packen. Das Hören der Stimme Gottes ist die Frucht der Zeit, die man mit Ihm verbringt. Wenn wir Zeit mit Ihm verbringen und uns in Sein Wort vertiefen, fallen wir tiefer und tiefer in sein Herz. Durch die prophetische Gabe sehen wir Visionen und die Bestimmung für unser Leben, so wie es bei mir war. Ich weiß ganz genau, wer ich in Gott bin und wofür ich hier auf dieser Erde lebe. Ich hatte in meinem Leben eine so starke Vision, dass ich sie bis heute nicht vergessen kann.

Sie war so real, dass als ich aufwachte, Teilchen des Traums noch auf meinen Fingern waren. Doch alles der Reihe nach:

Als ich schlief träumte ich, dass wir mit den Jugendlichen im Zentrum einer großen Stadt unterwegs waren und dort auf einem großen Platz für Kranke beteten. Die Gegenwart Gottes war so stark, dass die Menschen aus ihren Rollstühlen aufstanden. Und als ich vor Freude „Danke, Jesus" rief, wachte ich auf. Allerdings wachte ich nicht wirklich auf, sondern ich wachte in einem anderen Traum auf. Das nennt man eine Vision, wenn wir aus einem Traum in einen anderen aufwachen.

So wachte ich nun in einem anderen Traum auf und dachte: „Oh nein, warum geschieht dies nur im Traum? Wann wird das Wirklichkeit werden?" Da sehe ich, dass ich auf einem Hügel stehe und etwa 500 Meter weiter befindet sich ein anderer Hügel und dazwischen ist einfach ein Graben. Auf dem 500 Meter entfernten Hügel wuchs ein Baum. Es war ein Macadamiabaum. Als ich diesen Baum anschaute, leuchtete hinter mir ein Licht auf, welches sich mir langsam näherte. Es war so grell, dass ich erst dachte, dass ein Lastwagen mit Fernlicht auf mich zugefahren kommen würde.

Als ich mich umdrehen wollte um nachzusehen, was sich mir näherte, hörte ich in meinem Verstand einen Gedanken: „Das ist Jesus. Wenn du dich zu Ihm umdrehst, könnte es sein, dass du Seine Herrlichkeit nicht aushältst und stirbst."

Ich erstarrte. Aus Neugier darüber, wie Er wohl aussieht, wollte ich mich zu Ihm umdrehen, doch ich verstand, dass es mich mein Leben kosten könnte. Während ich nachdachte, war mir Jesus so nahe gekommen, dass seine Brust meinen Rücken berührte. So ein angenehmer Duft von Beeren, Salböl und Frische umgab mich. Als ich früher noch in Sibirien gelebt hatte, ließ meine Mutter die Wäsche im Winter draußen trocknen. Die Wäsche trocknete dabei nicht, sondern sie gefror. Wenn meine Mutter die Wäsche dann ins Haus holte, legte sie die Wäsche in eine Ecke und das Zimmer wurde mit diesem Duft erfüllt. Frische gepaart mit dem Duft des Wachmittels. In etwa so ein Duft ging auch von Jesus aus. Frische, Beeren und Salböl.

Mit leiser Stimme sprach er mir ins Ohr: „Dieser Macadamiabaum, das bist du. Sie ist die Königin aller Nüsse. Doch die ersten sieben Jahre bringt der Baum keine Frucht. Ich aber bin der beste Gärtner, der jedes Jahr die Äste beschneidet."

Und sein Arm streckte sich zu dem Baum aus, als wäre er aus Gummi. Er hielt eine Gartenschere in der Hand und fing an, die Zweige abzuschneiden.

Wir standen immer noch 500 Meter von dem Baum entfernt, Seine Brust berührte meinen Rücken und Seine Hände beschnitten den Baum. Als der Prozess der Beschneidung abgeschlossen war, zog Jesus seine Arme wieder zurück und nahm meine Hände in Seine. Ich hörte weiter: „Ich bin der Gärtner, der jedes Jahr die Äste und Zweige beschneidet, damit der Baum im achten Jahr anfängt Frucht zu bringen." Währenddessen nahm Er meine rechte Hand und streckte meinen Arm zusammen mit Seinem zum Baum aus an die Stelle, wo Er den Baum beschnitten hatte. Mein Arm war völlig elastisch und etwa 500 Meter lang.

Er nahm meinen Zeigefinger und berührte damit die Stelle, die Er eben beschnitten hatte. Die Stelle war noch ganz feucht. Es kam so viel Feuchtigkeit aus der Stelle. Und da höre ich weiter: „Ich werde dich sieben Jahre beschneiden und du wirst keine Frucht bringen. Dieser Prozess der Beschneidung wird sehr schmerzhaft und bedrückend sein und er wird dich viele Tränen kosten. Doch dieser Prozess ist notwendig. Dies ist der Preis dafür, dass ab dem achten Jahr Früchte in deinem Leben entstehen können."

Und da wachte ich real auf. Mein Zeigefinger war noch nach vorne ausgestreckt, so wie im Traum, als ich die Äste berührte. Mein Arm war nicht mehr, so wie im Traum, 500 Meter lang, doch mein Zeigefinger war noch feucht und roch noch so, wie Jesus gerochen hatte.

Dieses Erlebnis war so real, dass ich jetzt nicht mehr sicher bin, ob das ein Traum oder Realität war. Sogar bis jetzt, wenn die Herrlichkeit Gottes während des Lobpreises herabkommt und meine Augen Jesus nicht sehen, erkennt meine geistliche Nase oft Seinen Duft. Halleluja!

Nach diesem Erlebnis sind sieben Jahre vergangen und 2018 war das achte Jahr. Ich kann jetzt tatsächlich sagen, dass die ersten sieben Jahre angefüllt waren mit Tränen und Enttäuschungen. Manchmal ließ ich die Arme hängen und es kamen Gedanken wie: „Habe ich das wirklich nötig?" Doch die Worte Jesus, dass ab dem achten Jahr Früchte kommen werden, gaben mir Hoffnung und Glauben, dass bald alles besser werden würde.

Jetzt, wo das achte Jahr vorbei ist und das neunte begonnen hat kann ich mit Sicherheit sagen, dass Jesus keinen Scherz gemacht hatte. Das, was letztes Jahr alles geschehen ist und was sich für dieses Jahr bereits abzeichnet ist wirklich die Frucht der Beschneidungen während jener sieben Jahre.

Durch die Wunden Jesu sind wir geheilt

Das Wort Gottes lehrt uns, dass Jesus gekommen ist, die Gefangenen freizulassen. Zur Freiheit gehören sowohl Befreiung als auch Heilung. Von diesen Erlebnissen möchte ich euch in diesem Kapitel erzählen.

Ich mag es, wenn Jesus durch uns Menschen heilt, unabhängig von deren Glaubensbekenntnis und Denomination. Er liebt ebenso auch ungläubige Menschen und heilt sie ebenso wie auch uns. In unserer Praxis haben wir gesehen, wie durch unser Fürbittegebet, ohne Auflegung von Händen, der Herr einen jungen Mann, der in der Schweiz lebt, von Krebs geheilt hat. Die Ärzte sahen nur sehr geringe Erfolgsaussichten, doch durch das Gebet der Gerechten heilte Gott ihn.

Vor unseren Augen wuchsen auch Beine. Wenn bei jemandem das eine Bein mehrere cm kürzer war als das andere, so waren sie nach dem Gebet gleich lang. Während des Lobpreises normalisierte sich bei Menschen die Sehfähigkeit und sie brauchten ihre Brille nicht mehr. Alle Heilungen, die es bei uns in der Gemeinde gab, werde ich nicht aufzählen können. Doch die Fälle, die meine Familie betrafen, möchte ich etwas genauer erzählen.

Am 15. Juni waren wir auf der Geburtstagsfeier meiner Mutter. Das Haus war voller Gäste. Viele Verwandte waren gekommen, die Schwestern meiner Mutter, meine Tanten, und außerdem meine jüngere Schwester Olga mit ihrem Mann und den Kindern. Es war ein herrlicher Sommertag und wir grillten draußen.

Mein Schwager, der Mann meiner Schwester, saß neben dem Grill auf einer Holzbank. Auf dieser Bank saßen mehr Menschen als sie tragen konnte. Und plötzlich, als es niemand erwartete, krachte die Bank mit lautem Knacken zusammen und mein Schwager stürzte mit seinem Ellbogen in die glühenden Kohlen. Er arbeitet als Schweißer und erleidet dabei ab und an Verbrennungen. Seine Haut heilt sehr schlecht und Verbrennungen heilen bei ihm über mehrere Wochen. Das erfuhr ich erst später, als er Zeugnis ablegte.

Als wir sahen, dass mein Schwager mit seinem Ellbogen in die Kohlen geraten war, lief meine Mutter los, um Eis und irgendeine Salbe zu holen und damit die Verbrennung zu behandeln.

Ich überlegte nicht lange, nahm seine Hand und fing an in Zungen zu beten. Nach wenigen Minuten merkte ich, dass viele Blicke auf mich gerichtet waren. Ich realisierte, dass ich ja nicht in der Gemeinde war und dass die Menschen hier nicht gläubig waren und mit Verwunderung und Unverständnis mich ansahen. Ich ließ seine Hand wieder los.

„Was war das eben?", fragte mich mein Schwager verwundert. „Meinst du, was ich eben gesagt habe?", fragte ich nach um zu verstehen, worüber genau er verwundert war. War es mein Freimut, vor allen zu beten oder der Inhalt dessen, was ich gesagt hatte.

„Nein, was du gesagt hast, habe ich nicht verstanden. Es war wie im Märchen, simsala bim", fuhr er fort. „Ich meine, was hast du mit meinem Arm gemacht? Es hat sich angefühlt, als hätte mir jemand eine Spritze gegen die Schmerzen gegeben. Als hätte man meinen Arm in Eis gepackt und es tut nicht mehr weh." Als meine Mutter mit der Salbe und dem Eis wiederkam, wurden die Dinge nicht mehr gebraucht. Er war in dem Moment bereits geheilt.

Nach zwei Tagen sah man nichts mehr von der Verbrennung, obwohl seine Haut sehr schlecht auf Verbrennungen reagiert. Diese Heilung war der erste Samen, der in sein Leben gesät wurde. Bis zu diesem Ereignis war er noch nie dem lebendigen Gott begegnet. Er fing an, sich langsam zu öffnen und mich nach meinem Gott zu fragen. Es fällt mir sehr schwer, in meiner Familie zu evangelisieren, denn es kennen mich alle noch aus meinem früheren, unchristlichen Leben. Sogar Jesus sagte, dass man in seiner Heimat kein Prophet ist. Doch der entscheidende Same für meinen Schwager und meine Schwester war die Heilung ihres Sohnes.

Eines Sonntag morgens vor dem Gottesdienst rief mich meine Schwester unter Tränen an und fragte, ob ich ihr helfen und für meinen Neffen beten könne. Bisher hatte es sie nicht sonderlich interessiert, wenn ich über Gott sprach. Ich verstand gleich, dass etwas Ernstes geschehen sein musste, denn sie tat diesen Schritt entgegen ihren Überzeugungen und rief mich an. Ich bat sie, sich zu beruhigen und mir in Ruhe zu erzählen, was denn geschehen sei.

„Gestern waren wir mit unserem Sohn auf dem Wochenmarkt", fing sie an. „Unser Sohn ist Opfer des bösen Auges geworden. Seit gestern Abend ist er nur noch am weinen und kann seine Augen nicht öffnen."

„Gut", antwortete ich. „Nach dem Gottesdienst komme ich vorbei."

Nach dem Gottesdienst fuhr ich gemeinsam mit einem Bruder hin. Während der Fahrt beteten wir und baten Gott um ein Wort für diese Situation.

Als Antwort auf unser Gebet hörten wir: „Sie sollen den Kleinen jetzt schlafen legen. Ich werde ihnen etwas zeigen." Ich rief meine Schwester sofort an, noch während der Fahrt zu ihr, und gab an sie weiter, was Gott uns gesagt hatte.

Als wir ankamen, sahen wir folgendes Bild: Der Kleine schlief und im Wohnzimmer, wo der Computer mit dem Bildschirm stand, sah ich ein Spiel im Pause-Modus. Man musste kein Prophet sein um zu erkennen, dass dieses Spiel ein Produkt Satans war. Es wurden darin furchtbare Fratzen dargestellt, Monster, die man töten musste. Sehr viel Gewalt und Blut gab es in diesem Spiel.

Ich fühlte, wie abstoßend es für den Heiligen Geist war, sich in dieser Atmosphäre zu befinden. Und ich bekam ein Wort für sie: „Ihr sagt, dass euer Sohn Opfer des bösen Auges geworden ist. Nein. Dieses Spiel ist eine offene Tür für Satan, um in euer Haus zu kommen und euren Sohn zu quälen. Löscht dieses Spiel. Ich werde für meinen Neffen nicht beten, Gott wird ihn heilen." Einen solchen Freimut hatte ich von mir nicht erwartet. Ich verstand, dass der Heilige Geist durch mich sprach.

Nachdem mein Schwager das gehört hatte, antwortete er ganz ruhig: „Wenn dein Gott tatsächlich meinen Sohn heilt, stelle ich mich direkt hier in diesem Zimmer auf die Knie und nehme Ihn als meinen Erretter an." Ich konnte nur denken: „Jesus, diese Gelegenheit dürfen wir nicht ungenutzt lassen. Ich hoffe, Du heilst ihn." Da sehe ich, wie er zum Computer geht und das Spiel von der Hardware löscht. Er dachte sich dabei: „Wenn Gott nicht heilt, kann ich das Spiel jederzeit wieder installieren." Dies gab er später mir gegenüber zu.

Nach nur wenigen Minute wachte mein Neffe auf. Er lächelte und hatte die Augen geöffnet. Gott hatte sein Versprechen gehalten.

Meine Schwester und ihr Mann gingen unter Tränen auf die Knie und sagten zu uns: „Wir wollen euren lebendigen Gott als unseren Erretter annehmen." Auf diese Weise kamen zwei neue Krieger in die Armee Christi.

Ehre sei Gott für Seine Güte und Gnade! Amen!

Übernatürliche Erlebnisse mit Gott

Ich liebe die Führung des Heiligen Geistes. Als ich fühlte, dass die Zeit für mein erstes Buch gekommen war, lieferte ich mich ganz dem Heiligen Geist aus. Ganz zu Anfang wusste ich nicht, worüber ich schreiben werde und bat daher einfach Gott: „Erinnere mich bitte an die Ereignisse, von denen du möchtest, dass sie in diesem Buch niedergeschrieben werden."

Heute ist der 29. Dezember, meine Frau und ich fliegen nach Amerika zur Schule „Territorium des Königreichs". Im meinem Geist hörte ich: „Nimm dein Buch mit. Ich möchte, dass du weiter daran schreibst."

Gleich kam mir der Gedanke: „Im Flugzeug ist es schwierig zu schreiben. Es wird dunkel sein. Schaue lieber fern. Ruhe dich aus. Während der Schule musst du fit sein." Ich muss ehrlich gestehen, dass mir dieser Gedanke besser gefiel. Doch nach wenigen Sekunden verstand ich, wessen Gedanken das waren und nahm daher mein Buch mit.

Interessant ist, dass ich jetzt im Flugzeug sitze und mein Bildschirm nicht funktioniert. Bei allen funktioniert der Bildschirm, nur bei mir und meiner Frau nicht und das Flugpersonal kann uns da nicht weiterhelfen. Somit habe ich keine andere Möglichkeit als entweder mein Buch weiterzuschreiben oder zu schlafen. Ich habe beschlossen, das erste zu wählen und schreibe jetzt weiter an meinem Buch. Danke Dir, Herr, dass Deine Wege unerforschlich sind.

Interessant ist auch, dass der Heilige Geist mich gerade heute dazu bewegt über ein Erlebnis zu schreiben, dass mein ganzes Leben auf den Kopf gestellt hat.

Ich möchte heute über ein übernatürliches Ereignis schreiben, das ich im März 2017 erlebte. Und es gibt keinen geeigneteren Ort, dieses Kapitel zu schreiben, als über den Wolken, 5.000 km über dem Atlantischen Ozean.

Es fühlt sich an, als hätte der Herr mich näher an sich herangerückt, damit ich mich an Sein unvergessliches Geschenk erinnere. Das Wort Gottes lehrt uns, dass Jesus der Bräutigam ist und wir sein Braut sind. Und der Bräutigam mag es, seiner Braut Geschenke zu schenken. Über so ein Geschenk möchte ich in diesem Kapitel schreiben.

Ich möchte dich gleich vorwarnen, dass wenn dieses Zeugnis für dich befremdlich sein sollte und du es nicht verstehen solltest, bedeutet es nicht gleich, dass dies falsch oder der Fantasie entsprungen ist. Frage einfach Ihn, ob dies möglich ist und der Wahrheit entspricht. Bemühe dich, nicht vorschnell zu urteilen.

Wie ich vorhin schon erwähnt habe, geschah dies Ende März 2017. Im Januar beendete ich meine Ausbildung in einem neuen Beruf und war danach zwei Monate arbeitslos. Wir waren bis auf das unterste soziale Niveau gesunken und waren vollständig auf den Sozialstaat angewiesen. Das war eine der schwierigsten Perioden meines Lebens. Ich konnte meine Familie nicht versorgen und das Leben wurde derart eintönig, dass die Wochenenden und die Arbeitstage sich durch nichts unterschieden. Ja, ich hatte viel freie Zeit, doch die befriedigte mich nicht. In meinem Geist hörte ich ständig, wie ein Echo, einen prophetischen Satz: „Mein Sohn, vertraue dich Mir an. Ich werde dich auf einem neuen Weg führen und dein Herz wird sich erfreuen."

Nun hatte ich mich Gott anvertraut und ihm zwei Jahre meines Lebens gegeben. Meine Familie sah ich nur an den Wochenenden, denn ich machte die Ausbildung in einer anderen Stadt. Und jetzt schrie ich schon seit zwei Monaten zu Gott: „Du hast mir versprochen, dass wenn ich mich Dir anvertraue, mein Herz sich erfreuen wird. Herr, ich möchte Dich nicht anlügen und wie ein Papagei Dir für mein Leben danken. Ich sage Dir ehrlich, dass es mir schlecht geht. Mein Herz freut sich nicht, es weint."

Zur Antwort bekam ich völlige Stille. Ich hörte nichts. Als hätte man mich vergessen. Doch ungeachtet dieser beängstigenden Stille verstand ich in meinem Inneren, dass dies meine Prüfung war und dass es von der Reaktion meines Herzens abhing, ob ich diese Prüfung bestehe oder nicht. Ich bin dem Heiligen Geist dankbar, dass er mir Weisheit gegeben hatte nicht zu murren, sondern einfach zu warten.

Innerlich starb ich für mich. Von Natur aus bin ich ein sehr aktiver Mensch. Je mehr Bewegung um mich herum ist, desto besser fühle ich mich. Doch der Herr hatte mich in den Shabbat eingetaucht. Der Herr kam zu mir in Seiner ganzen übernatürlichen Schönheit.

Als ich schlief, war mein rechter Arm ausgestreckt und die Hand geöffnet. Es war 05:30 Uhr morgens, wo der Schlaf nicht mehr so tief sondern leicht ist. Da fühlte ich, dass mir jemand etwas in meine Hand legt und meine geöffnete Hand schließt.

Ich wachte sofort auf. Mein rechter Arm hatte von der Hand bis zum Ellbogen eine Gänsehaut und wurde feucht, als hätte der Morgentau ihn bedeckt. Im Zimmer war es noch düster, sodass ich ohne Licht nicht erkennen konnte, was in meiner Hand lag. Mit meinem linken Ellbogen stieß ich meine Frau leicht in die Seite und bat sie, den Lichtschalter zu betätigen.

Zur gleichen Zeit hatte meine Frau einen Traum, in dem ein Engel zu ihr kam, ihr seinen Namen sagte und ihr eine Botschaft übermitteln wollte. Als sie aufwachte, war sie erst enttäuscht, weil ich mit meiner Bitte, Licht zu machen, ihren Traum unterbrochen hatte. Mit verstimmter Stimme sagte sie: „Wieso hast du mich geweckt? Wegen dir habe ich nicht verstanden, was der Engel mir sagen wollte." Ich jedoch blieb bei meiner Bitte: „Mach bitte das Licht an. Mir hat jemand etwas in die Hand gelegt. Vielleicht war es sogar derselbe Engel, den du im Traum gesehen hast."

Als meine Frau das Licht angemacht hatte, verschlug es uns vor Erstaunen die Sprache. In meiner Hand lag ein großer weißer Stein. Ein wertvoller Stein, in dem vom Licht alle Farben des Regenbogens aufleuchteten. Durch meinen Verstand huschte der Gedanke, ein Foto zu machen. Ich gehorchte, nahm mein Mobiltelefon und machte mehrere Fotos.

In meinen Verstand kam ein Wort der Erkenntnis: Da der Stein so übernatürlich aufgetaucht ist, ist in ihm auch eine Botschaft. Wie verwundert meine Frau und ich waren, als wir auf dem ersten Foto Tautropfen und althebräische Buchstaben entdeckten.

Auf allen weiteren Fotos war nichts dergleichen zu sehen, nur auf dem ersten Foto war eine kraftvolle Botschaft für mein Leben.

Diese Botschaft entzifferte ich monatelang mittels verschiedener verlässlicher Quellen bis ich verstand, dass dieser Stein und die Botschaft mit meiner Berufung verbunden waren. Durch diesen Stein setzte Gott Sein Feuer in meinem Leben frei und sagte, dass ich der Träger Seines Feuers auf dieser Erde bin.

Durch Sein Wort in Offenbarung 2, 17 erklärte Er mir, dass dies nicht einfach irgendein Stein ist, sondern sein Wille für mein Leben. **„Wer überwindet, dem werde ich von dem verborgenen Manna zu essen geben; und ich werde ihm einen weißen Stein geben und auf dem Stein geschrieben einen neuen Namen, den niemand kennt außer dem, der ihn empfängt."**

Deutschland ist die Gemeinde von Pergamus und Er gibt mir und unserer ganzen Mannschaft das Recht, die Geschichte der Gemeinde in Deutschland neu zu schreiben. Und ich bin mehr als sicher, dass wenn Gott dies geplant hat, so kann Ihn niemand aufhalten. Ungeachtet der Tatsache, dass wir so schwach und unvollkommen sind – in Gottes Augen sehen wir anders aus, denn Er sieht uns schon im Omega.

Später bekamen meine Frau und alle meine Kinder ebenfalls übernatürlich Geschenke von Jesus in Form von Steinen, die wir bis jetzt bei uns zu Hause haben.

Fragt sich jemand von euch: „Welchen Sinn haben diese Steine und weshalb habe ich noch keinen bekommen?"

Warum du keinen Stein bekommen hast, weiß ich nicht, doch sie haben einen großen Sinn. Jesus war der Stein, den das religiöse System abgelehnt hatte. Ebenso auch dieser Stein. Erstaunlich ist, dass wenn ich dieses Erlebnis gläubigen Menschen erzähle, ich sehen kann, wie sich der Religionsgeist dagegen erhebt. Das ist für mich wie Lackmuspapier. Wer neidisch wird oder sich daran stößt, hat ein großes Problem mit der Religiosität. Der Herr sagte zu mir: „So wie sie mich abgelehnt haben, werden sie auch diesen Stein ablehnen."

Wenn die Menschen in unserer Gemeinde begeistert sind von der Bewegung des Heiligen Geistes und ein Teil dessen sein wollen, was Gott uns anvertraut hat, prüfe ich die Menschen auf ganz einfache Art und Weise. Gehen sie mit mir bis zum Ende oder werden sie von der Religiosität auf irgendeiner Ebene ausgebremst? Bisher ist es so, dass in Abhängigkeit davon, wie die Menschen auf dieses Zeugnis reagieren, sie sich weiterbewegen. Wenn die Menschen anfangen werden zu schweigen, werden die Steine schreien.

Zu meinem Erstaunen sind mehr ungläubige Menschen von diesem Stein fasziniert und einige von denen haben beim Anblick dieses unrealistischen Wunders ihr Leben Jesus Christus abgegeben.

Ich bin Jesus für dieses Geschenk sehr dankbar und bitte den Herrn darum, dass er in Seiner Güte dir etwas ähnliches schenkt. Wir sollen nicht nach Wundern streben und Wunder sind kein Maßstab für Geistlichkeit und sie retten uns nicht.

Nur Jesus persönlich rettet und Sein Blut befreit. Doch ich achte es sehr, wenn, wie in Seinem Wort geschrieben steht, die Wunder uns folgen.

Neben diesem Erlebnis habe ich persönlich gesehen, wie Menschen während des Gottesdienstes mit goldenem oder bunt glitzerndem Staub bedeckt wurden, wie Federn auftauchten und Zähne wuchsen. Ich weiß, dass dies momentan in der Christenheit ein sehr heikles Thema ist und ich höre oft die Aussage: „Worin besteht der Sinn all dieser Dinge?"

Wisst ihr, wenn ich die Bibel lese und sehe, wie gehorsam die Kinder unseres Himmlischen Vaters waren, so kann ich nicht immer erklären, worin der Sinn besteht. Zum Beispiel nackt zu wandeln, Speisen auf Kot zuzubereiten, eine Prostituierte zu heiraten, aus Wasser Wein zu machen, in die Augen zu spucken, übers Wasser zu laufen usw.

Trotzdem waren die Menschen einfach gehorsam und erlebten Gott. Niemand von diesem Menschen hatte einen Abschluss einer Bibelschule und sie suchten auch nicht nach einer Bestätigung in der Schrift. Der Heilige Geist erklärte mir mal, dass wir jetzt in der Saison von Matthäus 16 leben.

Dort begeben sich die Jünger auf die andere Seite des Sees und vergessen dabei, Brot mitzunehmen. Und da sagt Jesus zu ihnen: „Habt Acht vor dem Sauerteig der Pharisäer und Sadduzäer."

Als die Pharisäer an der Macht waren, kontrollierten und manipulierten sie alle. Doch sobald Jesus mit seiner

Mannschaft kam, verloren sie ihre Macht und taten selbst nichts mehr, sondern kritisierten nur.

Es macht mich traurig, gesalbte Menschen zu beobachten, die, sobald sie etwas nicht verstehen, sofort anfangen zu kritisieren. Das Brot ist das Wort Gottes und es ist gut, wenn wir unsere Handlungen mit Gottes Wort bestätigen können. Doch in der Saison von Matthäus 16 begeben wir uns an das andere Ufer und wir haben keine Brotleibe dabei. Auf dieser Ebene können wir nicht alles mit der Schrift bestätigen, allerdings sollten wir auch nicht wie die Pharisäer kritisieren.

Ich weiß genau, dass es für Satan keinen Sinn macht, diese Dinge zu tun. Ich denke, dass Gott dies macht und preise Ihn. Ich denke, dass wenn der Name meines lebendigen Gottes verherrlicht wird, dann steht immer der Heilige Geist dahinter.

Deshalb lasst und sehr vorsichtig mit voreiligen Schlussfolgerungen sein. Wenn ich etwas nicht verstehe, sage ich einfach: „Ich weiß es nicht. Mir ist dies noch nicht offenbart. Wenn es nicht von Gott ist, dann wird es bald verschwinden. Ich muss Gott nicht verteidigen. Er ist allmächtig und wird es niemandem gestatten, Seinen Namen zu erniedrigen."

Unsere Fehler trennen uns nicht von Gott

Lieber Leser, wenn du in einem Zug alle bisherigen Kapitel durchgelesen hast und du zerrissen wirst von der Frage, wie groß und mächtig unser Gott ist, so sehe ich es als meine Pflicht, dir auch von meinen Fehlern zu erzählen.

Wir haben so ein Sprichwort: „Wer nichts tut, macht auch keine Fehler und derjenige, der viel tut, macht auch viele Fehler." Niemand von uns ist vor Fehlern sicher. Doch eines weiß ich: Fehler trennen dich nicht von Gott, sondern du fängst an noch mehr Seine Güte und Liebe zu dir zu schätzen.

Wenn Gott anfangen wird, dir vieles anzuvertrauen, so wird Er unbedingt auch anfangen, an dir zu feilen und Er wird damit bei deinem Stolz anfangen.

Dein Fleisch wird versuchen, deine Salbung für sich zu nutzen. Das Wort Gottes lehrt uns, dass Gott den Hochmütigen widersteht, den Demütigen aber Gnade gibt.

Gott möchte, dass du Fehler machst, um dich danach zu lehren. Zum Beispiel: Ihr wisst alle, dass wenn ein kleines Kind zu krabbeln anfängt, es die Welt erkundet, indem es alles in den Mund nimmt – Geld, Münzen und alle möglichen anderen Sachen. Die Aufgabe des Vaters ist es, rechtzeitig alles unnötige wieder aus dem Mund zu nehmen. In etwa so einen Fall gab es auch in meinem Leben.

Ich hatte schon viele Dinge mit Gott erlebt. Ich fing an Gottes Stimme zu hören, zu predigen und andere zu lehren. Von meinen Erlebnissen erzählte ich auch immer den anderen.

In vielen Zeugnissen hatte ich schon gehört, wie Menschen den Engeln befahlen, ihnen zu dienen. Beispielsweise wie im folgenden Zeugnis: Ein Pastor nahm bei einer Bank einen Kredit in Höhe von 100.000,- Euro auf und musste die Summe bis zu einem bestimmten Zeitpunkt wieder zurückzahlen. Der Zahltag rückte näher, es blieb nur noch eine Woche, doch er hatte das Geld nicht zusammen. Also entschied der Pastor, sich für die verbleibenden letzten drei Tage in ein Hotel zurückzuziehen, um dort zu fasten und zu beten. Jeden Abend rief er seine Frau an um zu erfahren, ob das Geld eingegangen war oder nicht. Doch zu seinem Bedauern hörte er immer nur die gleiche Antwort: „Nein."

Am letzten Tag beschloss der Pastor, dass es wohl nicht der Wille Gottes gewesen sei, dass die Gemeinde diesen Kredit genommen hatte. So musste der Pastor wohl zur Bank gehen und zugeben, dass sie den Kredit nicht zurückzahlen konnten und somit das beliehene Gemeindehaus verlieren würden. Sie hatten kein Geld zur Deckung der Schulden.

Bevor er sich auf den Weg zur Bank machte, ging er duschen. Als der Pastor nach dem Duschen aus dem Bad kam, sah er mitten im Zimmer einen Engel stehen, der ihn anlächelte.

„Bist du von Gott gekommen, um mir zu helfen?", fragte der Pastor. „Ja", antwortete der Engel. „Hast du Geld für mich dabei?", fragte der Pastor weiter. „Nein", erwiderte der Engel. „Wie möchtest du mir denn helfen, wenn du kein Geld dabei hast?", fuhr der Pastor aufgebracht fort.

„Ich bin dein Diener. Befiel es mir und ich werde das Geld für dich besorgen", antwortete der Engel.

„Gut, Engel, ich befehle dir, mir das Geld zu bringen", sagte der Pastor und der Engel verschwand.
Zehn Minuten später klopfte es an der Zimmertür. Als der Pastor die Tür öffnete, stand vor ihm ein seltsamer Mann. Er hatte Sportkleidung an und Kopfhörer in den Ohren. Sein Gesicht sah nicht wirklich frisch aus. Er sah aus, als hätte er sich seit drei Tagen nicht mehr rasiert.

„Bist du der Pastor jener Gemeinde?", fragte der Fremde. „Ja", antwortete der Pastor. „Oh, wie ich euch alle hasse", meinte der Fremde und reichte im einen Check über 100.000,- Euro. „Das ist für euch", sagte der Fremde und lief weiter.

„Was für ein Sonderling", dachte sich der Pastor. „Wahrscheinlich habe ich sehr laut gebetet und dieser Mensch hat auf der anderen Seite der Wand alles mitgehört und jetzt möchte er mich wohl über den Tisch ziehen." So denkend machte sich der Pastor auf zur Bank.

In der Bank stellte sich heraus, dass der Fremde einer der reichsten Männer der Stadt war und so gehandelt hatte, weil er über die Kopfhörer eine Stimme gehört hatte. Die Musik wurde unterbrochen und er hörte: „Ich bin der allmächtige Gott, der bis jetzt dein Business gesegnet hat. Jetzt sage ich dir, geh in jenes Hotel zu folgender Zimmernummer. Frage dort nach dem Pastor namens X und gib ihm eine Check über 100.000,- Euro. Wenn du dies nicht machst, werde ich meine Hand von deinem Business zurückziehen und du wirst Probleme bekommen"

Nach diesem starken Zeugnis habe ich beschlossen, dass man Engeln gebieten und befehlen darf. Und natürlich fing ich an zu experimentieren.

Als ich noch als Maler gearbeitet habe, mussten wir sehr oft draußen arbeiten und da brauchten wir halt auch sehr oft gutes Wetter. An einem der Tage also, an dem wir die Fassaden eines Hauses strichen, fing es an zu regnen. Ohne lange zu überlegen befahl ich den Engeln, die Regenwolken zurückzuhalten. Und es klappte! Überall regnete es, doch in einem Radius von einem Kilometer schien die Sonne. Als dann der Vorgesetzte anrief und uns mitteilte, dass wir mit den Malerarbeiten im Regen aufhören sollten, konnte er es nicht glauben, dass bei uns die Sonne schien. Er dachte, dass wir ihn anlogen. Wir konnten die komplette Fassade streichen, ohne dass der Regen die frische Farbe abspülte.

Ein zweites Mal ging ich mit meinem Hund spazieren und genoss den Gesang der Vögel, als dieser Genuss vom Krächzen der Krähen unterbrochen wurde. Nachdem der Krähenchor schon fünf Minuten rumgekrächzt hatte, befahl ich den Engeln, diese Krähen an einen weiter entfernten Ort zu tragen. Nach wenigen Minuten konnte ich erneut den Gesang der Vögel genießen, denn die Engel hatten die Krähen weggetragen.

All diese Erlebnisse erzählte ich auch in der Gemeinde und lehrte, dass man Engeln gebieten darf. Da kam nach dem Gottesdienst ein Bruder auf mich zu und ermahnte mich dahingehend, dass ich nicht richtig lehren würde. Er sagte: „Wir haben nicht das Recht Engeln zu gebieten, weil nicht einmal Jesus dies tat."

Aus meinem Mund erklang: „Jesus sagte, dass wir tun würden, was er tat und sogar noch mehr. Womöglich ist dies das „Mehr". Ebenso steht geschrieben, dass wir es an den Früchten erkennen werden und die Früchte sind einfach hervorragend."

In seinen Augen sah ich, dass er bemüht war, es mir sehr vorsichtig zu erklären und sogar Angst hatte, mich zu kränken. In seiner Stimme konnte ich keine Kritik feststellen, sondern vielmehr eine Rücksicht nehmende Liebe und das bewegte mich dazu, darüber nachzudenken. „Gut", sagte ich. „Ich werde Gott fragen, Er soll es mir erklären."

Als ich nach Hause gekommen war und mich in mein Zimmer zurückgezogen hatte, fragte ich sogleich Gott: „Herr, was war das jetzt? Es gibt zwei Varianten. Die erste Variante ist, dass Satan durch den Bruder gesprochen hat um mich auszubremsen, damit ich mich nicht im Übernatürlichen bewege. Oder aber die zweite Variante, dass Du gesprochen hast um mich zu bremsen, damit ich keine Fehler mache."

Zur Antwort hörte ich: „Wie hat er mit dir gesprochen? Hat er dich verurteilt oder in Liebe gesprochen?"

„Im Liebe", antwortete ich. „Ich habe sogar bemerkt, dass er nach den richtigen Worten suchte, um mich nicht zu kränken."

„Was denkst du, wer ist die Liebe? Ich oder Satan?", hörte ich weiter.

„Natürlich Du. Also bist Du es gewesen?", fuhr ich fort.

„Natürlich. Ich möchte dich etwas lehren", hörte ich in meinem

Verstand.

„Warte, Herr", fuhr ich aufgebracht fort. „Wieso hat denn dann alles funktioniert?"

In Seiner Antwort konnte ich hören, wie er lächelt: „Ich habe es in meiner Güte ihnen erlaubt." Und da sah ich das Bild, wie ich bei meinem Vater auf dem Schoß sitze und das Auto lenke. Doch die Pedale und alle anderen Funktionen bedient mein Vater. Von der Seite sieht es so aus, als wäre ich am Steuer und im Kindergarten erzähle ich allen Kindern, dass ich eigenständig Autofahren kann.

Ich war sofort beschämt darüber, dass ich so viel von mir hielt.

„Weißt du, mein Sohn, die Engel sahen mich nach deinen Befehlen ganz schockiert an und wussten nicht, was sie tun sollten. Ich aber habe sie nur angelächelt und mit dem Kopf genickt. Ich habe es ihnen erlaubt. Jetzt ist aber die Zeit gekommen, älter zu werden und das ganze geistliche Prinzip zu verstehen. Ja, Engel sind dienende Wesen, doch sie handeln nur nach meinem Willen. Wenn du nun möchtest, dass sie auch weiterhin dir dienen, dann bete so: Vater, im Namen Jesu Christi bitte ich Dich, setzte Deine Engel für diese oder jene Sache frei."

Diese Erklärung brachte mir die Erleuchtung. Bei nächster Gelegenheit ging ich zu dem Bruder und dankte ihm, dass er sich nicht davor gescheut hatte, mich zu ermahnen. Und durch seinen Gehorsam konnte ich noch tiefer Gottes Willen erkennen.

Das nächste Beispiel wird zeigen wie wichtig es ist, eine persönliche Beziehung zu Gott zu haben. Ich muss jedes Mal lächeln, wenn ich von religiösen, theologisch gebildeten Brüdern höre, dass man alles anhand des Wortes Gottes prüfen muss. Ja und Amen, doch wenn du die Stimme Gottes von der Stimme des Feindes nicht unterscheiden kannst, so ist deine Kenntnis der Schrift nichts wert, denn auch Satan kennt die Bibel sehr gut und zitiert oft daraus. So war es damals bei Jesus und heute ist es auch immer noch so.

Über eine solche persönliche Erfahrung möchte ich jetzt berichten. Als ich die Gabe der Zungenrede bekommen hatte, schätzte ich die Gabe zu Anfang nicht sonderlich, denn ich verstand nicht, was ich da sagte. In meinem Inneren hörte ich immer: „Bete mehr." Doch weil ich darin keinen Sinn erkennen konnte, nutzte ich diese Gabe nicht immer. Eines Tages bat mich mein Schwager, ihm am Wochenende beim Tapetenkleben zu helfen. Normalerweise betete ich morgens immer zehn bis fünfzehn Minuten in Zungen. Auch an diesem Tag wollte ich, bevor ich losfuhr, wie gewöhnlich in Zungen beten, hörte da aber in meinem Verstand: „Mach dir keinen Stress. Keiner ist ein Prophet im eigenen Land."
Ich hielt es für die Stimme Gottes, denn das Zitat stammte aus der Bibel. Bei meinem Schwager angekommen, fingen wir mit dem Kleben der Tapeten an. Er hatte schon ein Mal die Berührung Gottes gespürt. Ich habe bereits darüber erzählt, wir der Herr durch mein Gebet seine Verbrennung geheilt hatte, die er sich am Grill zugezogen hatte.

Da er die Berührung Gottes schon ein Mal gespürt hatte, war sein Herz nun für mehr bereit. Nach wenigen Minuten fragte er mich also: „Kannst du mir mehr über deinen Gott erzählen?"

Ich dachte nur: „Jetzt habe ich dich, mein Lieber! Ich werde dich gleich mit Informationen überhäufen."

Ich fing an, ihm von meiner Beziehung zu Gott zu erzählen und bemerkte dabei, wie sich die Atmosphäre im Raum veränderte. Wegen Seiner Herrlichkeit konnte er nicht stehen. Er hatte ein breites Lächeln im Gesicht und konnte dabei nicht stehen. Er verstand nicht, was mit ihm geschah. Dies bemerkend sagte ich: „Das kommt von der Herrlichkeit Gottes, deshalb kannst du nicht stehen. Er selbst ist hier."

Da ich bei der Arbeit seine Hilfe brauchte, machte ich eine Pause. Wenn er aufstand und anfing mir zu helfen, hielt es nicht lange, denn seine Neugier blieb nicht ohne Folgen. Er stellte mir wieder Fragen und wurde dann sehr stark berührt, sodass er nicht weiterarbeiten konnte. So ging es etwa eine ganze Stunde.

Als er mir erneut eine Frage stellte und ich sie ihm beantwortete fühlte ich, dass diese Antwort einfach eine Information aus meinem Verstand heraus war. Keine Salbung, keine Kraft und er blieb stehen.

Er war auch weiterhin offen und stellte auch weiterhin viele Fragen, doch jede weitere Antwort von mir war einfach nur Wissen. Gott war nicht mehr da. Die Kraft war nicht mehr da. Also redete ich mich heraus: „Ich denke, es reicht für heute. Du musst das alles erstmal verdauen."

Als ich nach Hause fuhr, stellte ich Gott eine Frage: „Warum hast Du aufgehört zu wirken? Er war doch so offen, man hätte heute säckeweise in ihn hinein säen können."

Und da sehe ich folgendes Bild: Ich telefoniere mit dem Mobiltelefon. Ich habe einen unlimitierten Vertrag, die beste Verbindung, doch der Akku ist nur zu 10 % geladen. An der interessantesten Stelle wird die Verbindung unterbrochen. Die Verbindung ist die beste, das coolste Abo, doch das Gespräch wird beendet, weil der Akku leer ist.

Ich höre in meinem Verstand: „Du kannst die beste Verbindung haben, doch was nützt dir das, wenn der Akku leer ist? Wenn du in Zungen betest, lädst du deinen Akku und zusätzlich lege Ich in dich Meine Geheimnisse hinein, die Ich dann zur richtigen Zeit für den richtigen Menschen wieder aus dir heraushole. Ich konnte hier nichts für. Du warst einfach leer."

Erst war ich damit nicht einverstanden. „Herr, du hast gesagt, dass man im eigenen Land kein Prophet ist. Deshalb habe ich nicht gebetet."

„Ich habe das gesagt? Bist du dir sicher?", hörte ich zur Antwort.

„Wer hat denn dann aus der Bibel zitiert?", fuhr ich fort.

„Das war ganz sicher nicht Ich. Meine Schafe hören meine Stimme", sagte Er weiter. Da sah ich, wie Satan Jesus in der Wüste versuchte und aus der Bibel zitierte, doch Jesus erkannte ganz genau seine Hinterhältigkeit und antwortete sehr gekonnt. In dem Moment verstand ich, dass man mich mithilfe des Wortes Gottes ausgespielt hatte. Das war eine sehr gute Lektion für mich. Ich fing an, das Reden in Zungen zu schätzen, denn ich verstand, dass wenn ich aus dem Haus gehe, dann muss mein Akku immer komplett geladen sein. Die geschriebenen Buchstaben in der Bibel tragen nicht das Leben in sich, wenn mein geliebter Heiliger Geist nicht dahintersteht. Es ist sehr wichtig, Seine Stimme zu kennen.

Oft werde ich gefragt, wie ich Ihn höre. Sogar ich fing an, mich dafür zu interessieren, denn es gibt keine Formel, die dir helfen könnte. Sehr oft suchen wir nach dem einfachsten Weg. Nur selten sind wir bereit, den hohen Preis für das Original zu bezahlen. Oft geben wir uns mit der Fälschung zufrieden, die nicht viel kostet. Für mich habe ich eines verstanden: Wenn du dich in Ihn verliebst, so wird Er sich in Seiner ganzen Schönheit zeigen.

Ich fragte mal den Heiligen Geist: „Wie habe ich gelernt, Dich zu hören? Denn ich höre Dich ganz anders als alle anderen. Ich lese Dich durch Bilder, die in meinem Verstand entstehen. Das ist wie eine aus einem Buch herausgelesene Information. Manche sehen reale Visionen. Ich sehe nichts. Doch ich habe ständig Bilder in meinem Verstand." Wenn wir ein Buch lesen, nehmen wir die Information durch die dadurch entstehenden Bilder auf. Das ist bei mir ständig so – wenn ich bete, wenn ich nachdenke.

Durch eine wunderbare Schwester zeigte mir der Heilige Geist, wo ich trainiert habe, Ihn zu hören.

Als ich noch nicht gläubig war und wir gerade erst nach Deutschland umgesiedelt waren, fuhr ich an den Wochenenden zu meinem Cousin zu Besuch. Wenn dann draußen schlechtes Wetter war, mochte er es, verschiedene coole Filme zu schauen. Da es Mitte der 90er Jahre war und in Russland gerade erst VHS-Kassetten auf den Markt kamen, war ich damit einverstanden. Zu Anfang verstand ich nicht, was gesprochen wurde. Mein Cousin lachte immer und ich fragte ihn immer aus, worüber gesprochen wurde, denn ich wollte mitlachen. Er antwortete immer: „Wenn ich anfange, es dir zu übersetzen, verpasse ich selbst die Hälfte. Schau es dir einfach an." Anfangs fand ich es sehr anstrengend, denn ich konzentrierte mich auf die Worte, die im Film gesprochen wurden. Je mehr ich auf die Worte achtete desto mehr verzweifelte ich, weil ich nichts verstand. Dasselbe sehe ich auch in der geistlichen Welt. Viele wollen jedes Wort ergreifen und sind schon seit mehreren Jahren darüber verzweifelt, dass sie Ihn nicht hören.

Lieber Leser, vielleicht bist du so wie ich. Dann entspann dich. Als ich es satt hatte, dass ich nichts verstand, fing ich einfach an, mir die Bilder anzuschauen. Es lief der Film und ich schaute mir einfach nur die Bilder an und bemerkte, dass ich nach 15 Minuten an derselben Stelle lachte wie mein Cousin. Erst dachte er, dass ich alles verstanden hätte, doch ich hatte es anhand der Bilder verstanden.

Ebenso ist es jetzt mit Gott. Ich höre Ihn nicht akustisch, doch ich sehe Ihn überall durch Bilder.

Mein lieber Leser, habe keine Angst, eigene Schritte mit Gott zu machen. Er sehnt sich danach. Du bist so ein wunderbares Original, nach dem Ebenbild Gottes erschaffen.

Habe keine Angst Fehler zu machen. Sie trennen dich nicht von Ihm, ganz im Gegenteil, sie schleifen dich und nähern dich Ihm an. Jesus sucht keine „Heiligen" auf Erden. Er sucht Menschen, die fähig sind, nach dem Fall wieder aufzustehen. Darin besteht mein Geheimnis. So tief du auch fallen magst, Er wartet immer auf dich, darauf, dass du aufstehst.

Die geistliche Welt ist sehr real

In diesem Kapitel möchte ich mitteilen, dass die geistliche Welt viel realer ist, als wir es uns vorstellen können.

Als Jesus betete, sagte Er: „Vater, Dein Reich kommen, wie im Himmel so auf Erden." Ebenso lehrt Er uns: „Alles, was ihr den Vater bitten werdet, wird euch gegeben werden." Ich glaube, dass als Jesus am Kreuz „vollbracht" sagte, dass da alles, worum Er seinen Vater auf Erden gebeten hatte, ebenfalls vollbracht wurde. Wir brauchen das Himmlische Königreich nicht zu bauen. Es ist schon hier auf Erden. Eins zu eins wie im Himmel. Darum hat Jesus selbst gebetet.

Viele befinden sich nicht dort, weil sie nicht eintreten können. „Wenn ihr nicht sein werdet wie die Kinder, werdet ihr nicht hineinkommen."

Aufgrund der Güte Gottes lernte ich einen Erweckungspastor kennen, Michael Shagas. Er lehrt viel darüber, wie man in Seinem Reich lebt. Wenn man diese Information wie ein Erwachsener aufnimmt, so wird man viel mehr Fragen als Antworten haben.

Bei einer von Michael´s Schulen beschloss ich, mich wie ein Kind anzuvertrauen. Ich entspannte mich und sagte: „Ich nehme alles an, was der Pastor lehrt." Sobald ich das gedacht hatte, sah ich mich im Wasser.

Ich sah, wie ich in die Tiefe hinab tauchte. Ich hatte keinen Taucheranzug und keinen Sauerstoff. Tief unten auf dem Grund sah ich viele Perlen. Sie waren sehr schön, befanden sich aber in einer extremen Tiefe. Ich wusste, wenn ich weiter hinab tauchen würde, könnte mir die Luft ausgehen.

Da hörte ich die mir bekannte Stimme: „Vertraue mir, atme. Ich möchte, dass du unter Wasser atmest."

Ich hatte zwei Möglichkeiten. Wenn ich einatme, könnte ich Wasser schlucken oder aber ich bin gehorsam und schaue, was passiert. Erwachsene konzentrieren sich immer auf das Ziel, die Kinder aber auf den Prozess.

Wenn ein Erwachsener eine Pyramide baut und jemand diese mit dem Fuß umstößt, obwohl sie noch nicht fertig ist, wird er wütend, denn er hatte das Ziel ja noch nicht erreicht. Wenn aber ein Kind eine Pyramide baut, kann es diese selbst umstoßen. Das Kind genießt den Prozess.

Ich beschloss, wie ein Kind zu handeln und den Prozess zu genießen. Ich fing an, mit großen Zügen unter Wasser zu atmen. Zu meinem Erstaunen unterschied sich dieser Prozess nicht von der Atmung an Land. Ich atmete ebenso ruhig unter Wasser.

„Klasse", dachte ich. „Ich kann jetzt bis auf den Grund tauchen und die Perlen heraufholen." So machte ich es auch. Ich tauchte bis auf den Grund und nahm zwei Perlen, eine in jede Hand. Ich versuchte, wieder aufzutauchen, doch es war schwierig, weil meine Hände zu Fäusten geballt waren.

„Lege sie in deinen Bauch", hörte ich. Ohne lange nachzudenken machte ich es. Zu meinem Erstaunen glitten diese Perlen ganz leicht in meinen Bauch. Ohne zu zögern fing ich an, mit vollen Händen die Perlen in meinen Bauch zu legen bis ich fühlte, dass ich voll war. Nur mit Mühe konnte ich wieder an die Oberfläche aufsteigen. Als ich wieder zurück in die Realität kam und vom Boden aufstehen und mich auf einen Stuhl setzten wollte hatte ich das Gefühl, 20 Kilogramm schwerer geworden zu sein.

Mühsam stand ich auf und setzte mich auf einen Stuhl. Die geistliche Welt war so real, dass als ich mich wieder in der physischen Welt befand, ich immer noch die Gegenwart der geistliche Welt fühlte. Diese Perlen sind Offenbarungen des Himmels. Wenn ich mich für eine Predigt vorbereite, gehe ich in mich hinein und hole die Offenbarungen hervor, die mein Vater freisetzen möchte.

Oft werde ich nachts wach und mein Blick fällt auf die Uhr. Der Heilige Geist sagt mir, dass ich mir die Uhrzeit merken soll. Wenn ich am Tag Gemeinschaft mit Ihm habe und Ihm Fragen stelle, antwortet Er mir nachts mithilfe der Uhr. Einst stellte ich Ihm eine Frage: „Ich wäre so gerne sicher darin, dass das, was ich höre, Du bist und nicht die Frucht meiner Phantasie.“

In der darauffolgenden Nacht wurde ich um 04:26 Uhr wach. Der Heilige Geist sagt mir: „Merke dir die Zeit.“ Morgens, als ich Gemeinschaft mit Ihm hatte, führte mich der Heilige Geist in Johannes 4, 26: **„Ich bin es, der mit dir spricht.“** Seitdem zweifel ich nicht mehr daran, dass Er mit mir spricht.

Die geistliche Welt ich für mich jetzt absolut real. Ich habe keine Angst davor Engeln oder Dämonen zu begegnen, weil ich weiß, wer ich in Gott bin. Ich sehe, wie der Vater mich erzieht. Mein Herz ich für das Übernatürliche offen. Viele haben Angst davor, weil sie davon ausgehen, dass all diese Dinge von Satan sind.

Ich habe einen einfachen Rat für dich: Fange an nachzudenken. Höre nicht auf andere. Satan kann nichts selbst erschaffen. Er ist kein Schöpfer. Er ist ein Dieb. Er kann nur stehlen, pervertieren und kopieren. Doch wenn es eine Kopie gibt, muss es irgendwo ein Original geben. Dieses Original befindet sich in uns. Lasst uns so leben, wie es unser Vater möchte und nicht einfach nur existieren.

Vom Virus zum Leben

Es ist so interessant! Ich komme zum Ende dieses Buches und der Heilige Geist gibt mir den Titel des nächsten Buches. Das zweite Buch wird **„Vom Virus zum Leben"** heißen.

Als ich beim Encounter Befreiung bekam, gab es da auch Vorträge zum Thema Berufung und des neuen Namens, den Gott gibt. Gott gibt in der Bibel sehr oft neue Namen. Jakob wurde zu Israel, Saulus wurde Paulus, Simon zu Petrus.

Ich fragte auch: „Herr, was ist mein neuer Name?"

„Virus", hörte ich. „Nein, das kann nicht sein. Wieso nennst Du mich so?", erwiderte ich.

„Du bist mein göttlicher Virus. Mit wem du in Berührung kommst, der wird nicht mehr sein gewohntes Leben leben können. Er wird immer nach mehr suchen. Doch du hast zwei Wahlmöglichkeiten: Wenn du dich schnell ausbreiten wirst, so wird sich ein Gegenmittel finden. Doch wenn du dich langsam ausbreiten wirst, so wird es, wenn man dich bemerkt, schon zu spät sein."

Ich beschloss, die zweite Möglichkeit zu wählen. Deshalb hielt ich mich die ersten acht Jahre zurück. Ich machte nur das, was der Herr mir zu tun auftrug.

Ich berührte Menschen, betete für sie und sah, wie sie nicht mehr so leben konnten wie bisher. Sogar wenn sie zwei Jahre zu Hause saßen, ließ sie dieser Virus nicht in Ruhe. Sie kehrten wieder um zu Gott und dienten Ihm wieder.

Ich erklärte mich mit diesem Namen einverstanden, weil der Herr es so wollte.

Er prüfte mein Herz. Würde ich alles nehmen, was Er mir anvertraut oder nicht?

Am 31. Oktober, dem Reformationstag, reformierte Er mich und meinen Namen. Nach seinem Willen traf ich meine Schwester aus Israel, Debora. Durch meine Schwester aktivierte er in mir jene Puzzleteile, die für eine festgesetzte Zeit verborgen waren. Er gab mir den neuen Namen Chaim, der Leben bedeutet.

Darüber, wie ich mich vom Virus zum Leben verwandelte, werde ich in meinem nächsten Buch ausführlich erzählen, wenn ich mehr Erfahrungen gesammelt haben werde.

Epilog

Lieber Leser, wenn mein erstes Werk dich inspiriert hat, dann bin ich jetzt der glücklichste Mensch auf Erden. Vor allem aber wollte ich Seinen Willen erfüllen. Er sagte mir, dass ich Sauerstoffmasken verteilen soll.

Es gibt jetzt sehr viel christliche Literatur. Es gibt ausgezeichnete Bücher, aus denen wir lernen können. Es gibt auch einfach Information, mit der man Geld verdienen möchte. Ich bin ein Produkt des Heiligen Geistes und das ist auch dieses Buch.

Alles, was ich in diesem Buch offenlegen wollte ist, dass uns alles möglich ist im Herrn Jesus Christus, der uns stark macht. Auch wenn du keinen bekannten Namen hast, hindert es Ihn nicht daran, dich zu Seinem Ruhm zu gebrauchen.

Ich habe mich bemüht einfach zu schreiben, damit du dieses Buch in einem Zug an einem oder mehreren Tagen durchlesen kannst. Das ist die Handschrift meines Herrn. Er ist nicht kompliziert, Er ist sehr einfach. Er liebt dich und deshalb haucht Er gerade jetzt seinen Sauerstoff in dich hinein, welcher dir ewiges Leben im Überfluss gibt.

Mit Liebe in Christus, Chaim.

.

Danksagung

Zum Schluss möchte ich mich noch bei allen bedanken, die mich dabei unterstützt haben dieses Buch zu schreiben und mich dazu ermutigt haben. Ein besonderer Dank geht an Irina Sudermann, die sich die Mühe und Zeit gemacht hat, dieses Buch, welches ich selbst auf Russisch verfasst habe, in die Deutsche Sprache zu übersetzten, damit ihr Leser ebenfalls von diesem Buch profitieren könnt.

Ich möchte einen großen Dank aussprechen allen, die mir geholfen haben, das Buch herauszubringen, besonders im letzten Stadium. Herzlichen Dank an Andreas Beritski, der mir die interessante Idee mit dem Cover gegeben hat, von der ich euch etwas weiter unten erzähle. Großen Dank an Alex Neu, der mir geholfen hat dieses lang ersehnte Cover zu realisieren. Ihr seid mir wirklich von Gott gesandt worden. Der Herr braucht Seinen Leib und in der Schöpfung dieses Buches waren viele beteiligt.

Als dieses Buch geschrieben wurde, hat das Interessanteste angefangen. Ich wusste, dass der Herr selbst mir das Cover geben muss, so ist es auch geschehen. Als ich früh morgens zur Arbeit fuhr, sah ich einen prächtigen Sonnenaufgang, der wie ein Feuerfluss aussah. Mir war klar: der Herr gibt mir das Cover. Natürlich habe ich es sofort fotografiert. Mit Freude habe ich versucht dieses Foto auf das Cover zu kriegen, aber ohne Erfolg. Im Laufe von 9 Monaten wollten mir viele helfen. Aber es ist niemandem gelungen, denn die Qualität war nicht standardgemäß. Ich wusste genau, dieses Foto muss auf das Cover, aber es gelang nicht. Jetzt weiß ich, dass Gott in allem Seine Zeiten und Fristen hat. Jetzt bin ich auf einer ganz anderen Ebene und verstehe vieles besser. Dieser neuen Facette begegnet ihr im nächsten Buch.

Als Andreas Beritski vorgeschlagen hat, das Foto in 3 Teile zu teilen, wusste er selbst noch nicht, dass er diese Offenbarung von dem Herrn aus der 9. Dimension empfangen hat. Weil dieser Feuerfluss von dem Herrn aus der 9. Dimension freigesetzt wurde, konnte sie nicht in der 3. Dimension realisiert. 2 Streifen, die das Bild teilen erinnern an die Zahl 11, welche den Übergang bedeutet. Mit anderen Worten, alle meine Erlebnisse sind von der 9. in die 3. Dimension durch das Blut Christi, welches für uns die Tür und der Übergang ist, empfangen worden.

Zum Schluss möchte ich für euch, meine Leser, einen Bibelvers freisetzen:

„Und einer rief dem anderen zu (Seraphim) und sprach: Heilig, heilig, heilig ist der Herr der Heerscharen; die ganze Erde ist erfüllt von seiner Herrlichkeit!"

Jesaja 6:3